Michael Mainka

Gott und die Welt
mit anderen Augen sehen

Anreize zum Umdenken durch Jesus Christus

www.tredition.de

© 2020 Michael Mainka
Umschlag, Illustration: Vorlage tredition
Lektorat, Korrektorat: Reinhild Mainka, Andrea Schweizer

Verlag & Druck: tredition GmbH, Halenreie 40-44, 22359 Hamburg

ISBN
Paperback   978-3-347-05694-7
Hardcover   978-3-347-05695-4
e-Book   978-3-347-05696-1

Die Bibelzitate sind – falls nicht anders vermerkt – der Bibelübersetzung nach Martin Luther (revidierte Fassung 2017, Deutsche Bibelgesellschaft) entnommen.

Bibliografische Information der Deutschen Nationalbibliothek:

Die Deutsche Nationalbibliothek verzeichnet diese Publikation in der Deutschen Nationalbibliografie; detaillierte bibliografische Daten sind im Internet über http://dnb.d-nb.de abrufbar.

Inhaltsverzeichnis

Vorwort 7

1 Christlich glauben **9**
1.1 Jesus Christus – das Fenster zu Gott.. 9
1.2 Jesus Christus – der Einzige, der zählt 10

2 Wer ist der Mensch? **13**
2.1 Der Mensch – das Bild Gottes 13
2.2 Der Sündenfall 14
2.3 Alle Menschen sind Sünder 16
2.4 Sünde und Tod... 19
2.5 Die Unfreiheit des Menschen.. 21

3 Jesus Christus – unser Retter **25**
3.1 Der Anfang vor dem Anfang – die Erwählung............................ 26
3.2 Die Schöpfung.. 30
3.3 Die Menschwerdung.. 31
3.4 Jesus verkündigt das Reich Gottes... 33
3.5 Der Tod am Kreuz 35
3.6 Die Auferstehung Jesu 39
3.7 In den Himmel aufgefahren 44
3.8 Pfingsten 47
3.9 Exkurs: Der dreieine Gott 57

4 Als Christ leben... **63**
4.1 Der Glaube 63
4.2 Die Taufe... 66
4.3 Das Abendmahl 72
4.4 Die Bibel – das Wort Gottes 78
4.5 Das Leben des Christen – ein Leben für Jesus Christus............. 82
4.6 Die Gebote, ihre Summe, das höchste und das neue Gebot............... 85
4.7 Tipps für die Gesundheit... 94
4.8 Die Schöpfung bewahren 96
4.9 Vom Beten... 97

5   Die Kirche..**103**
5.1   Das Geheimnis der Kirche... 103
5.2   Die Zugehörigkeit zur Kirche 105
5.3   Die Einheit der Kirche.. 107
5.4   Der Gottesdienst 112
5.5   Seelsorge 114
5.6   Die Mission der Kirche 115
5.7   Der Aufbau der Kirche... 118

6   Das zweite Kommen Jesu Christi und Gottes neue Welt **127**
6.1   Die Endzeitrede Jesu 127
6.2   Die Wiederkunft Jesu: Ende und Neuanfang............... 139

Vorwort

In der Vorrede zu seinem „Kleinen Katechismus" erklärte Martin Luther vor fast 500 Jahren, dass er sich „gezwungen und gedrungen" sah, diese „christliche Lehre in solcher kleinen, schlichten, einfältigen Form herauszugeben", weil „der gemeine Mann doch so gar nichts weiß von der christlichen Lehre".[1]

Die Reformation hat viel daran geändert und einen regelrechten Bildungsschub ausgelöst. Er betraf nicht nur die religiöse Bildung des Volkes, hat aber auch in diesem Bereich viel bewirkt. Gerade der Kleine Katechismus hat über viele Generationen hinweg dafür gesorgt, dass Grundbegriffe des christlichen Glaubens quasi Allgemeingut waren.

Das hat sich in den letzten Jahrzehnten deutlich verändert. Es scheint, dass es mit dem Wissen um die christliche Lehre nicht viel besser steht, als zu dem Zeitpunkt, als Luther sich entschloss, den Kleinen Katechismus zu Papier zu bringen.

Deshalb werden heute wieder allgemeinverständliche Darstellungen des christlichen Glaubens benötigt. Das vorliegende Buch ist mein Versuch dazu. Ob er gelungen ist, müssen Sie als Leser entscheiden.

Das Buch basiert auf vielen Gesprächen, die ich in den letzten Jahrzehnten mit einzelnen Personen und in Gruppen geführt habe. Fast immer habe ich es als ein Privileg empfunden, das Evangelium erklären zu müssen – weil ich es dadurch selbst immer tiefer erfasst habe.

Bei allen Themen, die in diesem Buch behandelt werden, stehen Bibeltexte im Mittelpunkt. Sie sind entscheidend – weshalb sie auch graphisch hervorgehoben werden.

Allerdings sind die biblischen Texte nicht immer auf den ersten Blick verständlich. Die dann folgenden Erklärungen gehen auf diese Texte ein – sie informieren über den Hintergrund, zeigen den Gedankengang des Verfassers und arbeiten die Botschaft dieses Textes heraus. Sich den biblischen Texten

---

[1] Unser Glaube: die Bekenntnisschriften der evangelisch-lutherischen Kirche, Gütersloh 1991³, 531.

auf diese Weise zu nähern, ist manchmal anstrengend, aber immer sinnvoll – weil nur so die Bibel selbst zu Wort kommt.

Diese Darstellung verzichtet bewusst darauf, den christlichen Glauben begründen oder gar beweisen zu wollen. Das geschieht nicht nur, weil dabei oft fragwürdige Argumente ins Feld geführt wurden und werden – Argumente, die einer sorgfältigen Prüfung nicht standhalten. Es geschieht vor allem deshalb, weil solche Begründungen stillschweigend davon ausgehen, dass der Glaube bestimmten Ansprüchen genügen muss, um als begründet zu gelten – vor allem den Ansprüchen der Vernunft.

Dem christlichen Glauben werden wir so nicht auf die Spur kommen. Verstehen werden wir ihn nur dann, wenn wir die biblischen Texte zu uns sprechen (und ausreden) lassen. Die Überzeugungskraft des christlichen Glaubens wird sich uns nicht von außen, sondern nur von innen erschließen – indem wir seine grundlegenden Aussagen auf uns wirken lassen.

Dazu lade ich auch diejenigen ein, die bisher keinen Zugang zum christlichen Glauben gefunden haben, aber danach fragen, was es damit eigentlich auf sich hat.

Erzhausen, Ostern 2020
Michael Mainka

1   Christlich glauben

Was ist das Zentrum des christlichen Glaubens? Fragt man „die Leute auf der Straße", wird man viel von den Zehn Geboten und der Nächstenliebe zu hören bekommen. Oft wird auch davon die Rede sein, dass der Glaube ein Gefühl der Geborgenheit gibt.

Selbstverständlich geht es beim christlichen Glauben auch um moralische Werte und um den Schutz und Beistand Gottes. Aber ist das der Kern? Gebote gibt es schließlich in allen Religionen. Wenn man sie miteinander vergleicht, wird man zwar eine Reihe von Unterschieden, aber auch manche Gemeinsamkeiten feststellen. Ähnliches gilt für das Gefühl der Geborgenheit. Auch wenn die Weltreligionen zum Teil recht unterschiedliche Ideen darüber haben, wie der Mensch diese Geborgenheit erfahren kann – das Anliegen wird von allen Religionen aufgegriffen und ist keinesfalls „typisch christlich".

„Typisch christlich" für den christlichen Glauben ist einzig und allein Jesus Christus. Er macht den Unterschied! Dieser Unterschied betrifft bereits die Fundamente des Glaubens.

1.1   Jesus Christus – das Fenster zu Gott

Das Johannesevangelium beginnt mit einem Lied (Joh.1,1-18). Es endet mit einem Satz, der aus zwei Aussagen über die Erkenntnis Gottes besteht. Die erste ist negativ formuliert, die zweite positiv:

Johannesevangelium 1,18
Niemand hat Gott je gesehen; der Eingeborene, der Gott ist und in des Vaters Schoß ist, der hat es verkündigt.

Zunächst heißt es: *„Niemand hat Gott je gesehen."* Kaum zu glauben, dass das in der Bibel steht. Juri Gagarin, russischer Kosmonaut und erster Mensch im Weltall, soll etwas Ähnliches gesagt haben: „Ich bin in den Weltraum geflogen, aber Gott habe ich dort nicht gesehen." Dieser Satz war vermutlich eine

Fälschung der sowjetischen Propaganda – also „Fake News". Aber der Satz des Johannesevangeliums nicht. Der findet sich auch in den ältesten Bibelhandschriften, die in unseren Museen lagern: *„Niemand hat Gott je gesehen."*

Dass *„niemand … Gott je gesehen"* hat, liegt nicht daran, dass sich die Menschen nicht richtig Mühe gegeben haben. Es liegt daran, dass *„niemand"* Gott erkennen kann. Von uns aus können wir vielleicht auf die Idee kommen, dass es irgendein „höheres Wesen" gibt, das den „Startschuss" für diese Welt gegeben hat – weil wir meinen, dass alles irgendwo seinen Ursprung haben muss. Aber das hat mit Gott nicht viel zu tun; dieses „höhere Wesen" ist nur eine „erste Ursache" – mehr nicht. Gott zu erkennen übersteigt die Fähigkeiten des Menschen.

Aber das ist natürlich nur die negative Aussage; sie zeigt, wie es nicht geht. Wichtiger ist natürlich die positive Aussage, durch die wir erfahren, wie wir Gott erkennen können: *„… der Eingeborene, der Gott ist und in des Vaters Schoß ist, der hat es verkündigt."* Gemeint ist Jesus Christus.

Jesus Christus ist einzigartig: Er ist der eine Sohn Gottes, *„der Eingeborene"*, bzw. der *„eingeborene Sohn vom Vater"* (Joh.1,14; wörtlich übersetzt: der Einziggeborene). Er ist selbst *„Gott"*. Und deshalb ist er in einer unvergleichlichen Nähe zu seinem Vater im Himmel – nämlich in seinem *„Schoß"*. Der gleiche Begriff meint an anderer Stelle, eng an der Seite von jemandem zu liegen, mit dem man eine freundschaftliche Beziehung hat (in Joh.13,23 heißt es von einem Jünger, dass er *„an der Brust Jesu"* lag).

„Niemand hat Gott je gesehen." Jesus aber kommt von Gott und ist selbst Gott. Er hat uns Gott *„verkündigt"*. Er allein kann uns zeigen, wer Gott ist und wie er es mit uns meint – er allein. Jesus Christus ist das Fenster zu Gott.

1.2   Jesus Christus – der Einzige, der zählt

Weil wir Gott nur durch Jesus Christus sehen, wäre es aus christlicher Sicht verrückt, noch auf andere Weisheitslehrer und ihre Weisheiten zu setzen. Dennoch haben auch manche Christen nicht nur an Jesus Christus geglaubt, sondern sich zusätzlich von ganz anderen Ideen über Gott und die Welt faszinieren lassen. Das war auch in der Gemeinde von Kolossä (Stadt in der heutigen Türkei) der Fall:

Kolosserbrief 2,1-4.8-9
(1) Ich will euch nämlich wissen lassen, welchen Kampf ich für euch und für die in Laodizea und für alle führe, die mich nicht von Angesicht gesehen haben, (2) auf dass ihre Herzen gestärkt und verbunden werden in der Liebe und zu allem Reichtum an der Fülle der Einsicht, zu erkennen das Geheimnis Gottes, das Christus ist. (3) In ihm liegen verborgen alle Schätze der Weisheit und der Erkenntnis. (4) Ich sage das, damit euch niemand betrüge mit verführerischen Reden ... (8) Seht zu, dass euch niemand einfange durch die Philosophie und leeren Trug, die der Überlieferung der Menschen und den Elementen der Welt folgen und nicht Christus. (9) Denn in ihm wohnt die ganze Fülle der Gottheit leibhaftig."

Die Christen in Kolossä haben sich mit den *„Elementen der Welt"* beschäftigt (V.8). Dabei ging es um Sterne bzw. Sternbilder. Man glaubte, dass die Sterne etwas mit Engeln zu tun haben (Kol.2,18) und achtete auf bestimme Kalendertage, an denen die Sterne in einer bestimmten Weise zueinander standen. An diesen Tagen wurde gefastet, um auf diese Weise die angeblichen Sternenengel zu verehren (Kol.2,21-23). Wenn sie das nicht taten, hatten sie ein schlechtes Gewissen. Diese *„Philosophie"* (V.8) kann man vielleicht mit der Astrologie vergleichen.

In Kolossä hat man also nicht nur an Jesus Christus geglaubt, sondern ist auch ganz anderen Vorstellungen gefolgt. Paulus stellt fest, dass das keine gute Idee ist. Denn: Christus ist *„das Geheimnis Gottes"* und in ihm *„liegen alle Schätze der Weisheit und der Erkenntnis"* verborgen (Kol.2,18). Bei ihm finden wir nicht nur viele wichtige Weisheiten und Erkenntnisse über Gott, das Leben und die Welt, sondern *„alle"* (!) Weisheit und Erkenntnis.

Mehr als alles gibt es nicht. Es gibt nichts, was ergänzt werden könnte. *„Denn in ihm wohnt die ganze Fülle der Gottheit leibhaftig."* (V.9). Es gibt nichts Göttliches, das in Christus nicht zu finden wäre. In Jesus Christus ist Gott uns ganz nahe gekommen. Deshalb bekommen wir von ihm alles, was wir benötigen. Mehr brauchen wir nicht. Mehr als Jesus Christus – das wäre in Wirklichkeit ein Verlust. Was nach mehr aussieht, ist in Wirklichkeit weniger. Es gibt nichts Vergleichbares neben ihm.

Weil in Jesus Christus *„alle Schätze der Weisheit und der Erkenntnis"* liegen, dreht sich daher auch bei dieser Darstellung des christlichen Glaubens alles um Jesus Christus.

2 Wer ist der Mensch?

Wer ist der Mensch? Eine Frage nicht nur für Philosophen, Psychologen, Soziologen, Mediziner ..., sondern für jeden Menschen. Es fragt sich nur, wo und wie man die Antwort auf diese Frage sucht.

Auch bei diesem Thema lohnt sich der Blick in die Heilige Schrift. Dazu ist aber eine Vorbemerkung wichtig: Das biblische bzw. christliche Menschenbild geht davon aus, dass Gott in seinem Sohn Jesus Christus Entscheidendes für die Menschen getan hat – um dann rückblickend festzustellen, wie notwendig sein Eingreifen war. Mit anderen Worten: Wenn in der Bibel von der Verlorenheit des Menschen die Rede ist, dann ist das „nur" die Rückseite der Botschaft von seiner Erlösung.

Jede Medaille hat zwei Seiten. Nur wenn man die eigentliche Seite der Medaille kennt, kann man auch die Rückseite annehmen. Wenn man um die Befreiung des Menschen weiß, kann man der Wahrheit über seine Unfreiheit leichter ins Auge schauen, anstatt sie zu verdrängen.

2.1 Der Mensch – das Bild Gottes

Ursprünglich hat Gott den Menschen nach seinem Bild geschaffen, damit dieser als sein Stellvertreter über die Erde herrscht. Im Schöpfungsbericht heißt es dazu:

1. Mose 1,26-28
(26) Und Gott sprach: Lasset uns Menschen machen, ein Bild, das uns gleich sei, die da herrschen über die Fische im Meer und über die Vögel unter dem Himmel und über das Vieh und über die ganze Erde und über alles Gewürm, das auf Erden kriecht. (27) Und Gott schuf den Menschen zu seinem Bilde, zum Bilde Gottes schuf er ihn; und schuf sie als Mann und Frau. (28) Und Gott segnete sie und sprach zu ihnen: Seid fruchtbar und mehret euch und füllet die Erde und machet sie euch untertan und herrschet über die Fische im Meer und über die Vögel unter dem Himmel und über alles Getier, das auf Erden kriecht.

In den Kulturen des alten Orients galt der König als Abbild Gottes. Als sein Abbild sollte er im Auftrag Gottes herrschen. Der biblische Schöpfungsbericht aber stellt fest, dass jeder Mensch zum Bild Gottes geschaffen ist – nicht nur der König.

Die orientalischen Könige hatten außerdem die Angewohnheit, in den eroberten Provinzen ihres Reiches Standbilder von ihrer Person aufstellen zu lassen. Diese Bilder sollten sie dort als Herrscher repräsentieren. Nun sagt die Bibel: Jeder von uns ist ein solches „Standbild".

Bild Gottes zu sein, heißt also: im Auftrag Gottes Verantwortung für die Ordnung des Lebensraumes zu übernehmen, als sein Repräsentant zu handeln, in dieser Welt als sein Stellvertreter zu herrschen.

Damit verbunden ist ein Zweites: Gott hat uns nicht nur einen Auftrag gegeben, sondern auch die Fähigkeiten, die wir dafür brauchen. Er hat uns als Wesen geschaffen, die selbständig denken und verantwortungsbewusst handeln können. Wir tun das nicht immer. Aber grundsätzlich sind wir dazu in der Lage.

Was also macht unser Menschsein aus? Dass wir Stellvertreter Gottes auf Erden sind und dafür von ihm mit einzigartigen Fähigkeiten ausgestattet wurden.

2.2   Der Sündenfall

Dass der Mensch „*zum Bilde Gottes*" geschaffen wurde, ist leider nicht alles, was über den Menschen zu sagen ist. Unmittelbar nach dem Bericht über die Erschaffung des Menschen folgt der Bericht über seinen (Sünden)Fall.

---

1. Mose 3,1-6

(1) Und die Schlange war listiger als alle Tiere auf dem Felde, die Gott der HERR gemacht hatte, und sprach zu der Frau: Ja, sollte Gott gesagt haben: Ihr sollt nicht essen von allen Bäumen im Garten? (2) Da sprach die Frau zu der Schlange: Wir essen von den Früchten der Bäume im Garten; (3) aber von den Früchten des Baumes mitten im Garten hat Gott gesagt: Esset nicht davon, rühret sie auch nicht an,

---

> *dass ihr nicht sterbet! (4) Da sprach die Schlange zur Frau: Ihr werdet keineswegs*
> *des Todes sterben, (5) sondern Gott weiß: an dem Tage, da ihr davon esst, werden*
> *eure Augen aufgetan, und ihr werdet sein wie Gott und wissen, was gut und böse*
> *ist. (6) Und die Frau sah, dass von dem Baum gut zu essen wäre und dass er eine*
> *Lust für die Augen wäre und verlockend, weil er klug machte. Und sie nahm von*
> *seiner Frucht und aß und gab ihrem Mann, der bei ihr war, auch davon und er aß.*

Die Frau (Eva) lässt sich auf ein Gespräch mit der Schlange ein. Das Spiel beginnt. *„Ja, sollte Gott gesagt haben: Ihr sollt nicht essen von allen Bäumen im Garten?"*, fragt die Schlange. Davon war natürlich nie die Rede. Gott hatte Adam gesagt (1.Mos.2,16.17): *„(16) Du darfst essen von allen Bäumen im Garten, aber von dem Baum der Erkenntnis des Guten und Bösen sollst du nicht essen; denn an dem Tage, da du von ihm isst, musst du des Todes sterben."* Und deshalb kann Eva sogleich dementieren: *„Wir essen von den Früchten der Bäume im Garten; aber von den Früchten des Baumes mitten im Garten hat Gott gesagt: Esset nicht davon, rühret sie auch nicht an, dass ihr nicht sterbet!"*

Allerdings hatte Gott nichts davon gesagt, dass es verboten ist, die Früchte zu berühren. Diese Übertreibung zeigt, dass bei Eva Angst mit ihm Spiel ist. Angst ist aber manchmal ein schlechter Ratgeber. Zu schnell kann Angst in Misstrauen umschlagen. Und das macht sich die Schlange zunutze. *„Da sprach die Schlange zur Frau: Ihr werdet keineswegs des Todes sterben, sondern Gott weiß: an dem Tage, da ihr davon esst, werden eure Augen aufgetan, und ihr werdet sein wie Gott und wissen, was gut und böse ist."* Die Schlange erklärt ihr, dass Gott im Menschen einen möglichen Konkurrenten sieht und ihn sich vom Leib halten will. Deshalb das Verbot. Aber wenn sie sich darüber hinwegsetzen und die Frucht essen, werden sie *„sein wie Gott"*.

Mit diesen Worten hat die Schlange die Sehnsucht und die Versuchung des Menschen schlechthin formuliert: sein zu können wie Gott. Das Grundübel ist nicht Mord und Totschlag, Diebstahl oder Ehebruch. Das Grundübel besteht darin, dass der Mensch wie Gott sein möchte, allwissend und allmächtig. Alles andere ist *„lediglich"* die Folge davon.

Der Mensch hat einen „Gotteskomplex", so der Psychoanalytiker Horst-Eberhardt Richter.[1] Er will allmächtig sein; er will Gott sein. Deshalb ist die Beziehung des Menschen zu Gott, zu seinen Mitmenschen, zu sich selbst und zur Natur zerstört:

- Die Beziehung zu Gott: Wer selbst Gott sein will, kann Gott nicht vertrauen und ist unfähig, ihn zu lieben.
- Die Beziehung zu seinen Mitmenschen: Wer allmächtig sein will, ist nicht gemeinschaftsfähig. Nach dem Sündenfall folgt schon bald der Brudermord (Kain und Abel, 1.Mos.4).
- Die Beziehung zu sich selbst: Wer Gott sein will, muss immer stark sein, kann sich keine Schwäche leisten – und kann sich deshalb oft selbst nicht leiden.
- Die Beziehung zur Natur: Wer Gott sein will, nutzt die Sonderstellung und die Fähigkeiten, die Gott ihm gegeben hat, dazu, die Schöpfung seinen eigenen Interessen zu unterwerfen – sie auszubeuten und schließlich zu zerstören.

Ein kurzer Nachtrag und Ausblick: Die Sünde des Menschen ist, dass er wie Gott sein will. Vor 2.000 Jahren ist aber etwas Entscheidendes geschehen – und zwar genau das Gegenteil von dem, was im Garten Eden passiert ist. Damals wollte der Mensch sein wie Gott – dann aber wird Gott Mensch: Jesus Christus hat allen Versuchungen und Allmachtsphantasien erfolgreich widerstanden, ist den untersten Weg und den Weg der Menschlichkeit bis ans Ende gegangen und hat sich für die Menschen aufgeopfert.

2.3   Alle Menschen sind Sünder

Was aber hat diese Geschichte aus alter Zeit eigentlich mit uns zu tun? Welche Folgen hat das, was Adam und Eva getan haben, für ihre Nachkommen – also für die Menschheit?

---

[1] Horst E. Richter, Der Gotteskomplex. Die Geburt und die Krise des Glaubens an die Allmacht des Menschen, Hamburg 1979.

Die Geschichte vom Sündenfall ist auch unsere Geschichte

Der Apostel Paulus beschreibt die Bedeutung des Sündenfalls von Adam und Eva in wenigen Worten.

Römerbrief 5,12
Deshalb, wie durch einen Menschen die Sünde in die Welt gekommen ist und der Tod durch die Sünde, so ist der Tod zu allen Menschen durchgedrungen, weil sie alle gesündigt haben.

Zunächst stellt Paulus fest, dass *„durch einen Menschen die Sünde in die Welt gekommen ist"* (dass es sich um *„einen"* handelt, wird im griechischen Grundtext hervorgehoben). Der Name dieses *„einen Menschen"* wird in Vers 14 genannt: *„Adam"*. Durch ihn kam *„die Sünde in die Welt"*. Durch ihn ist die Sünde *„wie durch ein Eingangstor"* in die Menschenwelt eingedrungen.[1]

Der nächste Satzteil beschreibt die Folgen: *„… und der Tod durch die Sünde"*. Das entspricht dem Bericht vom Sündenfall (1.Mos.2,17; 3,3) und wird von Paulus vor allem in Röm.6,23 betont (*„Denn der Lohn der Sünde ist der Tod …"*).

Die folgenden Satzteile betonen die universale Auswirkung die es hat, dass Sünde und Tod in die Welt gekommen sind: Der Tod ist *„zu allen Menschen durchgedrungen"*. Schließlich haben *„sie alle gesündigt"*.

Dass *„alle gesündigt"* haben, heißt in diesem Zusammenhang nicht nur, dass jeder Mensch persönlich schuldig geworden ist. Der Akzent liegt hier vielmehr auf dem Verhängnis, das mit Adam seinen Lauf nahm und alle Menschen mit sich gezogen hat.

---

[1] Otto Michel, Der Brief an die Römer, Göttingen 1966. 138.

Kein Unterschied

Jeder Mensch ist einzigartig. Jeder denkt, fühlt und handelt anders als andere. Geschlecht, Alter, Nationalität, Geld, Macht – all das macht einen Unterschied.

Auch die Religionen betonen die Unterschiede zwischen den Menschen. Vor allem unterscheiden sie zwischen Gläubigen und Ungläubigen, zwischen „frommen" und „nicht ganz so frommen" Menschen. Oft wird das daran festgemacht, ob sich jemand an bestimmte religiöse Vorschriften und Gesetze hält oder nicht.

Der Apostel Paulus aber hat dieser Auffassung widersprochen.

Römerbrief 3,19-24

(19) Wir wissen aber: Was das Gesetz sagt, das sagt es denen, die unter dem Gesetz sind, auf dass jeder Mund gestopft werde und alle Welt vor Gott schuldig sei. (20) Denn durch des Gesetzes Werke wird kein Mensch vor ihm gerecht sein. Denn durch das Gesetz kommt Erkenntnis der Sünde. (21) Nun aber ist ohne Zutun des Gesetzes die Gerechtigkeit, die vor Gott gilt, offenbart, bezeugt durch das Gesetz und die Propheten. (22) Ich rede aber von der Gerechtigkeit vor Gott, die da kommt durch den Glauben an Jesus Christus zu allen, die glauben. Denn es ist hier kein Unterschied: (23) Sie sind allesamt Sünder und ermangeln des Ruhmes, den sie vor Gott haben sollen, (24) und werden ohne Verdienst gerecht aus seiner Gnade durch die Erlösung, die durch Christus Jesus geschehen ist.

Paulus sagt: Das Gesetz ist nicht dazu da, zwischen guten und bösen Menschen zu unterscheiden. Stattdessen soll mit Hilfe des Gesetzes *„jeder Mund gestopft"* werden (V.19). Gemeint sind die Münder der Menschen, die sich für besser halten, als ihre Mitmenschen.

Wie stopft das Gesetz ihnen den Mund? Durch das Gesetz kommt die *„Erkenntnis der Sünde"*(V.20). Es zeigt, dass unsere Beziehung zu Gott, zu unseren Mitmenschen und zu uns selbst gestört ist. Und es macht deutlich, dass dies nicht nur für einige wenige Menschen gilt, sondern für alle. *„Kein Mensch"* kann *„durch des Gesetzes Werke ... vor ihm gerecht sein"* (V.20). *„Alle Welt"* ist *„vor Gott schuldig"* (V.19). Wir sitzen alle im gleichen Boot.

Das zeigt sich auch in den Aussagen zur Frage, wie Gott den Menschen rettet. Er tut das nämlich nicht mit Hilfe des Gesetzes, sondern *„ohne Zutun des Gesetzes"* (V.20). Der Mensch wird nicht aufgrund seiner Leistungen und Verdienste gerettet, sondern von Gott beschenkt – *„durch die Erlösung, die durch Jesus Christus geschehen ist"* (V.24). Gemeint ist sein Tod am Kreuz. Dort starb er für uns zur Vergebung der Sünden (Röm.3,25; Eph.1,7; Kol.1,14) – *„nicht allein aber für die unseren, sondern auch für die der ganzen Welt"* (1.Joh.2,2).

In Jesus Christus ist Gott für alle Menschen gestorben, weil alle Menschen Sünder sind und sich nicht selbst erlösen können. Das haben alle Menschen gemeinsam – wie unterschiedlich sie sonst auch sein mögen.

2.4   Sünde und Tod

Wenn von „Sünde" gesprochen wird, denken viele Menschen an etwas, was man natürlich lieber nicht tun sollte, was aber eigentlich nicht so schlimm ist. Sie essen zu viel Sahnetorte und sagen dann: „Ich habe heute wieder gesündigt." Der Apostel Paulus aber hat ein sehr viel tieferes Verständnis von Sünde.

Es geht um Leben und Tod

Römerbrief 6,23
Denn der Sünde Sold ist der Tod; die Gabe Gottes aber ist das ewige Leben in Christus Jesus, unserm Herrn.

Zum Monatsende bekommen wir unser Gehalt. Aber auch beim großen Weltgericht am Ende der Zeiten wird uns Lohn – beziehungsweise *„Sold"* – ausgezahlt. Dabei gibt es zwei Möglichkeiten. Erstens: Wir lassen uns von Gott das ewige Leben schenken. Zweitens: Die Sünde zahlt uns den (ewigen) Tod aus. Dass Gott uns das ewige Leben schenkt, kommt überraschend. Der *„Sold"* der Sünde, der Tod, eigentlich nicht. Er ist eigentlich nur die logische Folge der Sünde, die alles zerstört.

Lebendig tot sein

In seinem Brief an die Gemeinde in Ephesus geht Paulus noch einen Schritt weiter. Er spricht davon, dass Menschen tot sind, auch wenn sie noch nicht gestorben sind. Sein Brief richtet sich an Personen, die diesen Zustand überwunden haben, weil sie mit Christus lebendig geworden sind. Aber: Wer lebendig gemacht wurde, war vorher natürlich tot.

Epheserbrief 2,1-5
(1) Auch ihr wart tot durch eure Übertretungen und Sünden, (2) in denen ihr früher gewandelt seid nach der Art dieser Welt, unter dem Mächtigen, der in der Luft herrscht, nämlich dem Geist, der zu dieser Zeit am Werk ist in den Kindern des Ungehorsams. (3) Unter ihnen haben auch wir alle einst unser Leben geführt in den Begierden unsres Fleisches und taten den Willen des Fleisches und der Vernunft und waren Kinder des Zorns von Natur wie auch die andern. (4) Aber Gott, der reich ist an Barmherzigkeit, hat in seiner großen Liebe, mit der er uns geliebt hat, (5) auch uns, die wir tot waren in den Sünden, mit Christus lebendig gemacht - aus Gnade seid ihr gerettet ...

Inwiefern sind Menschen lebendig tot? Paulus spricht von einem *„Leben ... in den Begierden unsres Fleisches"* und davon, *„den Willen des Fleisches"* zu tun (V.3). Damit ist nicht etwa speziell die Sexualität gemeint. Es geht um ein Leben, bei dem der Mensch um sich selbst kreist, auf seine eigene Kraft vertraut und dem Irdisch-Vergänglichen verhaftet ist. Das führt in die falsche Richtung. Wer so lebt, ist *„tot ... in den Sünden"* (V.5) – auch wenn er noch so lebendig aussieht.

Glücklicherweise leben nicht alle Menschen geradewegs nach dem Motto „Wein-Weib-Gesang". Gott sei Dank gibt es viele Menschen, die sich für andere einsetzen. Trotzdem gehen wir heutzutage wie selbstverständlich davon aus, dass alle Menschen auf ihren persönlichen Nutzen bedacht sind – nicht nur bei ihrem wirtschaftlichen Handeln, sondern auch in zwischenmenschlichen Beziehungen. Auch in der Ehe wird „Bilanz" gezogen oder eine „Gewinn- und Verlustrechnung" angestellt. So überrascht es nicht, dass die Zeit für ein Parfum mit dem Namen „Egoiste" gekommen ist.

Deshalb müssen wir bei den Worten des Apostel Paulus nicht an einen ausschweifenden Lebensstil denken. Denken wir einfach daran, welchen Stellenwert die Frage „Was bringt mir das?" für uns hat. Natürlich ist das eine berechtigte Frage. Aber darf es die einzige oder die wichtigste Frage sein? Paulus behauptet, dass wir alle zu sehr nach dem Motto „Wenn jeder an sich denkt, ist an alle gedacht" leben. Aber: „Gedanken, die ausschließlich um unser Wohl kreisen, bringen uns wohl nicht weiter" (Ernst Ferstl). Sie führen uns in die falsche Richtung. Wer so lebt, ist *tot … in den Sünden"*.

Das sind harte Worte. Aber welche anderen Konzepte gibt es denn zur Situation des Menschen, zu deren Ursache und den entsprechenden „Therapien"? Sind wir einfach nur zu dumm? Dann müssten mehr Lehrer ran. Sind wir zu faul? Dann brauchen wir Leute, die uns wenn nötig ordentlich zusammenstauchen. Oder sind die gesellschaftlichen Verhältnisse schuld? Dann brauchen wir einfach eine Revolution.

Bildung, moralische Appelle oder eine gerechtere Gesellschaftsordnung können einiges bewirken. Aber reicht das? Wer allein darauf setzt, ist der Meinung, dass der Mensch von Natur aus gut ist oder gut sein kann. Man muss ihn nur ermahnen oder bilden oder für mehr Gerechtigkeit sorgen – und schon sieht alles ganz anders aus.

Aber das ist doch alles schon probiert worden. Warum müssen wir uns immer noch mit so vielen Problemen herumschlagen? Und werden die Probleme nicht immer mehr?

Das christliche Menschenbild ist realistischer – in der „Diagnose" und deshalb auch bei der Lösung: Der Mensch ist tot und braucht eine Auferstehung von den Toten.

2.5   Die Unfreiheit des Menschen

Dass der Mensch Sünder ist, bedeutet nicht nur, dass er hier und heute lebendig tot ist und auf den endgültigen Tod zusteuert. Dass der Mensch Sünder ist, bedeutet auch, dass er unfrei ist. In einer Diskussion hat Jesus das so ausgedrückt:

Johannesevangelium 8,31-34
(31) Da sprach nun Jesus zu den Juden, die an ihn glaubten: Wenn ihr bleiben werdet an meinem Wort, so seid ihr wahrhaftig meine Jünger (32) und werdet die Wahrheit erkennen, und die Wahrheit wird euch frei machen. (33) Da antworteten sie ihm: Wir sind Abrahams Nachkommen und sind niemals jemandes Knecht gewesen. Wie sprichst du dann: Ihr sollt frei werden? (34) Jesus antwortete ihnen und sprach: Wahrlich, wahrlich, ich sage euch: Wer Sünde tut, der ist der Sünde Knecht.

Die Zuhörer Jesu fühlen sich in ihrer Ehre gekränkt. Dabei hatten sie gerade begonnen, Jesus und seiner Botschaft zu glauben. Aber statt sich darüber zu freuen und seine neuen Sympathisanten freundlich zu begrüßen, brüskiert Jesus sie. Sein Aufruf, seine Worte auch zukünftig und auf Dauer zu beachten und so die Wahrheit zu erkennen, mag ja noch zu verkraften sein. Aber die Verheißung, die Jesus damit verbindet, ist zu viel: *„… und die Wahrheit wird euch frei machen"* (V.32). Warum? Weil seine Gesprächspartner daraus schließen, dass er sie für unfrei hält.

Deshalb sind sie beleidigt. „Wie? Frei machen willst du uns? Wieso denn? Wir sind doch frei! Wir sind Abrahams Kinder – immer schon gewesen! Auch die großen Weltmächte haben uns nicht versklaven können. Zwar mussten wir uns äußerlich manchem Eroberer beugen. Aber innerlich sind wir nie Sklaven von irgendjemand gewesen. Wir haben uns unsere innere Freiheit bewahrt. Was also soll das?"

Aber Jesus antwortet ihnen: *„Wer Sünde tut, der ist der Sünde Knecht."* (V.34). Was meint er damit? Jesus behauptet, dass unsere sündigen Taten und unser inneres Sein zusammenhängen.

Oft versuchen wir, das zu trennen. Nicht nur bei uns selbst, sondern auch, wenn jemand, mit dem wir befreundet sind, einen Fehler macht. Dann betonen wir, dass er trotzdem – im Grunde genommen – ein „guter Kerl" ist. Aber es ist ein Irrtum, wenn wir meinen, dass es bei der Sünde um rein äußerliche Handlungen geht, die mit dem Kern unserer Person nichts zu tun haben. Unser Handeln zeigt, was mit uns los ist. Es ist auch eine Illusion, wenn wir versuchen, uns auf unseren inneren Kern zu besinnen, um dadurch ein besserer

Mensch zu werden. Der Kern selbst ist betroffen. Wir sündigen, weil wir Sünder sind und nicht aus unserer Haut heraus können. Wir sündigen, weil wir Sklaven der Sünde sind. Wir sind gefangen, unfrei.

Der entscheidende Punkt ist: Wir können uns nicht selbst befreien. Wir sind „*der Sünde Knecht*". Wir sind nicht Herr in unserem eigenen Haus, sondern in unserem Inneren gespalten. Mit unserem Verstand und unserer Willenskraft kommen wir da nicht raus. Dazu ist unsere Versklavung zu gründlich. Schließlich sind gerade unser Wille und unser Verstand unter der Herrschaft der Sünde. Wir können unserem Leben aus eigener Kraft keine neue Richtung geben. Deshalb kann die Befreiung nur von außen kommen. Nur Gott kann uns retten. In Jesus Christus hat er es getan.

24

3   Jesus Christus – unser Retter

In Kapitel 2 ging es um die Frage: Wer ist der Mensch? Dieses Thema ist eng mit der Aussage verbunden, dass Jesus Christus unser Retter ist – denn es hat die Verlorenheit des Menschen und damit die Notwendigkeit seiner Rettung aufgezeigt.

Wenn wir uns nun damit befassen, was Gott in Jesus Christus für uns getan hat, geht es dabei immer auch um die Frage, ob unsere Erlösung reines Geschenk ist – oder ob an irgendeiner Stelle unsere Mitwirkung gefragt ist.

Manche Christen sehen im Menschen einen Ertrinkenden, dem Gott ein Rettungsseil zuwirft. Der Ertrinkende muss einfach nur zupacken. Und er muss dieses Seil bis zum Schluss festhalten. Mehr muss er gar nicht tun – aber das ist von ihm gefordert.

Dieser Vergleich erscheint einleuchtend. Und es scheint nicht zu viel verlangt, dass Menschen das Rettungsseil ergreifen und festhalten sollen. Aber dieser Vergleich versteht nicht, was Gott in Jesus Christus getan hat. Außerdem verharmlost er die Situation, in der wir Menschen uns befinden.

Jesus Christus ist mehr als ein Rettungsseil, das einem Ertrinkenden zugeworfen wird. Und wenn der Mensch *„der Sünde Knecht"* ist, ist er wohl kaum in der Lage, das Seil zu packen und festzuhalten.

Um im Bild zu bleiben: Das Evangelium schildert einen Rettungsschwimmer, der aus großer Höhe abgesprungen ist, um einen Ertrinkenden zu retten. In seiner Panik wehrt sich der Ertrinkende gegen seinen Retter und schlägt wie wild um sich. Deshalb muss der Rettungsschwimmer ihn erst überwältigen, bevor er ihn packen und retten kann. Die Rettung gelingt, aber der Rettungsschwimmer kommt dabei ums Leben.

Dieses Kapitel beschreibt in chronologischer Reihenfolge, was Gott in Jesus Christus für uns getan hat und was dies für uns bedeutet.

3.1 Der Anfang vor dem Anfang – die Erwählung

Worum geht es, wenn die Heilige Schrift von der „Erwählung" spricht? Die Heilige Schrift will zeigen, dass Gott von Anfang an bei uns und für uns war, dass wir ihm alles zu verdanken haben und dass wir uns voll und ganz auf ihn verlassen können.

Die Erwählung Israels

Bereits im Alten Testament ist von der Erwählung die Rede – vor allen Dingen im Zusammenhang mit dem Volk Israel, dem auserwählten Volk.

5. Mose 7,6-8
(6) Denn du bist ein heiliges Volk dem HERRN, deinem Gott. Dich hat der HERR, dein Gott, erwählt zum Volk des Eigentums aus allen Völkern, die auf Erden sind. (7) Nicht hat euch der HERR angenommen und euch erwählt, weil ihr größer wäret als alle Völker - denn du bist das kleinste unter allen Völkern -, (8) sondern weil er euch geliebt hat und damit er seinen Eid hielte, den er euren Vätern geschworen hat. Darum hat der HERR euch herausgeführt mit mächtiger Hand und hat dich erlöst von der Knechtschaft, aus der Hand des Pharao, des Königs von Ägypten.

Hier wird nicht nur gesagt, dass Gott sein Volk erwählt hat – wir erfahren auch, warum er das getan hat. Zunächst wird deutlich, was dabei keine Rolle gespielt hat: die Größe des Volkes. Erst dann erscheinen die wahren Gründe: die Liebe Gottes und seine Treue zu seinem Eid, seinen Verheißungen. Entscheidend ist: Gott hat Israel nicht zu seinem Volk erwählt, weil es über bestimmte Qualitäten verfügt, sondern weil er es bedingungslos liebt.

Gottes Erwählung gilt für immer

Wichtig ist nun: Wenn Gott ein Volk erwählt, ihm sein Ja-Wort gibt, gilt dies bis in alle Ewigkeit. Gott bleibt seinem Volk treu. Deshalb schreibt der Prophet Jesaja:

Jesaja 41,8-10
(8) Du aber, Israel, mein Knecht, Jakob, den ich erwählt habe, du Same Abrahams, meines Geliebten, (9) du, den ich fest ergriffen habe von den Enden der Erde her und berufen von ihren Grenzen, zu dem ich sprach: Du sollst mein Knecht sein; ich erwähle dich und verwerfe dich nicht -, (10) fürchte dich nicht, ich bin mit dir; weiche nicht, denn ich bin dein Gott. Ich stärke dich, ich helfe dir auch, ich halte dich durch die rechte Hand meiner Gerechtigkeit.

Die Erwählung Israels hat mit Abraham begonnen. Als der Prophet diese Worte schreibt, befindet sich das Volk im babylonischen Exil – also in einer wenig rosigen Lage. Das bedeutet aber nicht, dass sich an der Erwählung Israels etwas geändert hätte. Gott hat sein Volk nicht verworfen – es bleibt von Gott erwählt.

Deshalb soll Israel sich nicht vor den anderen Mächten fürchten. Gott wird nicht von seiner Seite weichen; Gott wird sein Volk halten, wird es stärken und ihm helfen.

Der Apostel Paulus hat Jahrhunderte später betont, dass Gott seinem Volk sogar dann treu bleibt, wenn es ihm untreu wird oder das Evangelium von Jesus Christus ablehnt:

Römerbrief 11,1.28-32
(1) So frage ich nun: Hat denn Gott sein Volk verstoßen? Das sei ferne! Denn auch ich bin ein Israelit, vom Geschlecht Abrahams, aus dem Stamm Benjamin ... (28) Nach dem Evangelium sind sie zwar Feinde um euretwillen; aber nach der Erwählung sind sie Geliebte um der Väter willen. (29) Denn Gottes Gaben und Berufung können ihn nicht gereuen. (30) Denn wie ihr einst Gott ungehorsam gewesen seid, nun aber Barmherzigkeit erlangt habt wegen ihres Ungehorsams, (31) so sind auch jene jetzt ungehorsam geworden wegen der Barmherzigkeit, die euch widerfahren ist, damit auch sie jetzt Barmherzigkeit erlangen. (32) Denn Gott hat alle eingeschlossen in den Ungehorsam, damit er sich aller erbarme.

Paulus weiß, dass der weitaus größte Teil Israels das Evangelium von Jesus Christus ablehnt. Dennoch ist er zutiefst überzeugt, dass dies nichts an der

Erwählung Israels geändert hat. Die Israeliten sind und bleiben *„nach der Erwählung … Geliebte"* (V.28). Warum? *„Denn Gottes Gaben und Berufung können ihn nicht gereuen."* (V.29).

Dahinter erkennt Paulus einen besonderen Plan Gottes. Früher waren die Nicht-Juden Gott *„ungehorsam"* (V.30). Dann aber hat Israel das Evangelium von Jesus Christus abgelehnt und ist dadurch selbst Gott ungehorsam geworden (V.31). Daraufhin hat Gott sich stattdessen den „Heiden" zugewandt. Sie haben *„Barmherzigkeit erlangt"* – und zwar paradoxerweise wegen des *„Ungehorsams"* Israels (V.30). Der Ungehorsam Israels hatte also auch eine gute Seite. Und natürlich ist auch der Ungehorsam Israels nicht das Ende – auch Israel soll *„jetzt Barmherzigkeit erlangen"*.

„Dieser Gang der Geschichte hat seinen Sinn von Gott her: beide, die Heiden und die Juden, lässt er, der Allwirksame, ihrem Unglauben verfallen und hält sie darin gefangen, um beiden gegenüber seine freie Gnade zu offenbaren."[1]

Gott hat also auch aus der Feindschaft Israels gegenüber dem Evangelium etwas gemacht – und dabei niemals die Erwählung seines Volkes in Frage gestellt.[2]

Bevor alles angefangen hat

Nach diesen Aussagen über den Charakter der Erwählung sind wir vorbereitet, die Aussage des Apostels Paulus in seinem Brief an die Gemeinde in Ephesus zu verstehen: dass Gott uns in Christus erwählt hat – und zwar noch vor Erschaffung der Welt.

---

[1] Paul Althaus, Der Brief an die Römer, Göttingen 1978, 119.
[2] Manche Christen beziehen die Aussagen über Gottes Treue zu Israel ausdrücklich auch auf den (heutigen) Staat Israel. Paulus denkt jedoch nicht an ein politisches Gebilde, sondern an die Menschen, die sich zum Judentum bekennen.

Epheserbrief 1,3-4a
(3) Gelobt sei Gott, der Vater unseres Herrn Jesus Christus, der uns gesegnet hat mit allem geistlichen Segen im Himmel durch Christus. (4) Denn in ihm hat er uns erwählt, ehe der Welt Grund gelegt war …

Wir haben allen Grund, Gott zu loben. Unser Gott ist „*der Vater unseres Herrn Jesus Christus*". Durch ihn hat er uns „*mit allem*" – also rundum – „*gesegnet*".

Das beginnt damit, dass Gott uns „*in ihm*" – also Jesus Christus – „*erwählt*" hat, als es diese Welt noch gar nicht gab. Jesus Christus ist von Anfang an „auf Liebe eingestellt". Er liebt bedingungslos – weil er bereits Ja zu uns gesagt hat, als von uns noch gar nicht die Rede war. Er liebt uns völlig unabhängig von dem, was unsere irdische Existenz ausmacht. Auch unsere besten Eigenschaften und selbstlosesten Taten sind nicht der Grund dafür, dass Gott uns erwählt – weil er uns schon längst vorher sein Ja-Wort gegeben hat.

Nicht dran zu rütteln

Weil Gott uns in Jesus Christus bereits vor Erschaffung der Welt erwählt hat und unsere Erwählung allein ein Akt der Liebe Gottes ist – und nicht davon abhängt, wer wir sind und was wir leisten –, gilt sie bis in alle Ewigkeit.

Römerbrief 8,33.38-39
(33) Wer will die Auserwählten Gottes beschuldigen? Gott ist hier, der gerecht macht … (38) Denn ich bin gewiss, dass weder Tod noch Leben, weder Engel noch Mächte noch Gewalten, weder Gegenwärtiges noch Zukünftiges, (39) weder Hohes noch Tiefes noch irgendeine andere Kreatur uns scheiden kann von der Liebe Gottes, die in Christus Jesus ist, unserm Herrn.

Gott hat uns auserwählt. Deshalb kann uns niemand beschuldigen oder anklagen. Der Gott, der uns erwählt hat, spricht das Urteil. Und er spricht uns frei. Aus Liebe hat Gott uns erwählt. Nichts und niemand kann uns von dieser Liebe trennen, die in Jesus Christus deutlich geworden ist. Auf Gottes Erwählung können und sollen wir uns verlassen.

3.2 Die Schöpfung

In Jesus Christus hat Gott uns nicht nur *„erwählt, ehe der Welt Grund gelegt war "* (Eph.1,4); *„in ihm"* wurde auch *„alles geschaffen"*:

Kolosserbrief 1,15-17
(15) Er [Jesus Christus] ist das Ebenbild des unsichtbaren Gottes, der Erstgeborene vor aller Schöpfung. (16) Denn in ihm ist alles geschaffen, was im Himmel und auf Erden ist, das Sichtbare und das Unsichtbare, es seien Throne oder Herrschaften oder Mächte oder Gewalten; es ist alles durch ihn und zu ihm geschaffen. (17) Und er ist vor allem, und es besteht alles in ihm.

Bei diesen Versen handelt es sich vermutlich um ein Lied, das die Christen des ersten Jahrhunderts in ihren Gottesdiensten miteinander gesungen haben. Paulus hat es in seinen Brief an die Kolosser eingefügt. Es enthält eine wahre Fülle von Aussagen über Jesus Christus:

1. *„Er ist das Ebenbild des unsichtbaren Gottes ..."*. In Jesus Christus sehen wir also Gott selbst.
2. *„Er ist ... der Erstgeborene vor aller Schöpfung ... Und er ist vor allem ..."* Jesus Christus ist nicht Teil der Schöpfung, sondern geht ihr voraus bzw. ist ihr überlegen.
3. *„Denn in ihm ist alles geschaffen, was im Himmel und auf Erden ist, das Sichtbare und das Unsichtbare, es seien Throne oder Herrschaften oder Mächte oder Gewalten; es ist alles durch ihn und zu ihm geschaffen."* Jesus ist der Schöpfung nicht nur vorausgegangen, sondern hat auch *„alles geschaffen"* – die sichtbare und die unsichtbare Welt (Engel etc.). Es gibt nichts, das selbstständig oder unabhängig von ihm existiert. Und er ist das Ziel, auf das alles hinsteuert.
4. *„... und es besteht alles in ihm"*. Jesus Christus, der Schöpfer, hält alles zusammen.

Wir verdanken Jesus Christus alles. Alles kommt von ihm. Alles besteht in ihm. Alles läuft auf ihn zu. Er hat diese Welt gewollt und ist und bleibt ihr treu. Darauf können wir uns verlassen.

3.3 Die Menschwerdung

Das größte Zeichen seiner Treue zur Welt ist, dass Jesus Christus, der Sohn Gottes, zu uns gekommen und Mensch geworden ist. Er ist zu denen gekommen, die sich an seine Stelle setzen wollten (2.2). Davon spricht vor allem die Einleitung des Johannesevangeliums, aus der wir bisher nur den letzten Vers betrachtet haben (1.1).

Johannesevangelium 1,1-3.14-18
(1) Im Anfang war das Wort, und das Wort war bei Gott, und Gott war das Wort. (2) Dasselbe war im Anfang bei Gott. (3) Alle Dinge sind durch dasselbe gemacht, und ohne dasselbe ist nichts gemacht, was gemacht ist …   *(14) Und das Wort ward Fleisch und wohnte unter uns, und wir sahen seine Herrlichkeit, eine Herrlichkeit als des eingeborenen Sohnes vom Vater, voller Gnade und Wahrheit. (15) Johannes zeugt von ihm und ruft: Dieser war es, von dem ich gesagt habe: Nach mir wird kommen, der vor mir gewesen ist; denn er war eher als ich. (16) Von seiner Fülle haben wir alle genommen Gnade um Gnade. (17) Denn das Gesetz ist durch Mose gegeben; die Gnade und Wahrheit ist durch Jesus Christus geworden. (18) Niemand hat Gott je gesehen; der Eingeborene, der Gott ist und in des Vaters Schoß ist, der hat es verkündigt.“*

In diesem Abschnitt ist viel vom „*Wort*" die Rede. Spätestens ab Vers 14 wird klar, wer damit gemeint ist: Jesus Christus.

Als Johannes sein Evangelium schrieb, haben viele Juden, die mit der griechischen Sprache und dem griechischen Denken vertraut waren, von der „Weisheit" (griechisch: „Sophia") und vom „Wort" (griechisch: „Logos") Gottes gesprochen. Sie verstanden die „Weisheit" bzw. das „Wort" als erstes Geschöpf Gottes und als ein Wesen, das mit Gott zusammen diese Welt geschaffen habe. Dieses Wesen sei dann zu den Menschen herabgestiegen. Die Menschen aber hätten es abgelehnt. Daraufhin sei es wieder zu Gott zurückgekehrt.

An diese Gedanken und an diese Wortwahl konnte Johannes anknüpfen. Aber der Abschnitt geht an entscheidender Stelle weit darüber hinaus – und zwar gleich in zwei Richtungen.

Das Wort ist Gott – und wird Mensch

Die ersten Sätze betonen die Gottheit des Wortes. Sie tun das so deutlich, wie es deutlicher kaum geht:

- *„Im Anfang war das Wort."* Im Anfang, vor aller Schöpfung, war das Wort schon da. Damit wird indirekt klar, dass das Wort selbst kein Geschöpf ist, sondern über allen Schöpfungswerken steht.
- *„Und das Wort war bei Gott."* Es steht nicht nur über allen Werken der Schöpfung, sondern in einer besonderen Beziehung zu Gott. Gott und das Wort sind miteinander verbunden.
- *„Und das Wort war Gott."* Die Verbundenheit zwischen Gott und dem Wort geht so weit, dass das Wort selbst Gott ist.

In Vers 14 wird dann die Menschwendung des Wortes herausgestellt. Auch in dieser Richtung geht der Prolog über die damaligen Vorstellungen hinaus. Der Logos, der Gott ist, wird Mensch. Genauer: *„Und das Wort wurde Fleisch"*, also ein richtiger Mensch aus Fleisch und Blut. Daraus folgt: Es *„wohnte unter uns"*. Es war mit uns in einer „Wohngemeinschaft". Es hat sich ganz auf uns eingelassen.

Warum Gott Mensch wird

Gott ist zu uns gekommen, damit wir ihn sehen. *„Niemand hat Gott jemals gesehen"* – auch Mose nicht (2.Mos.33,18-20). Jesus Christus, der Sohn Gottes, *„hat es verkündigt"*. Dabei ist es nicht bei Worten geblieben: Wir *„sahen seine Herrlichkeit, eine Herrlichkeit als des eingeborenen Sohnes vom Vater."* Jesus Christus ist das „Fenster" zu Gott.

Und was sehen wir durch dieses „Fenster"? Der Prolog sagt: Jesus Christus ist *„voller Gnade und Wahrheit"*. *„Wahrheit"* meint hier die Wahrheit über Gott. Jesus Christus ist diese Wahrheit in Person (Joh.14,6). Und was ist der Kern dieser Wahrheit? Die *„Gnade"*!

Beim Wort *„Gnade"* denken wir oft an „Begnadigung". Wenn hier von der Gnade Jesu Christi die Rede ist, geht es darum, dass wir von ihm beschenkt werden.

Ein Geschenk, in dem nicht etwas von uns selbst enthalten ist, ist kein echtes Geschenk. Bei guten Geschenken verschenkt der Geber sich selbst ein wenig mit. Der materielle Wert des Geschenks rückt in den Hintergrund. Es geht um das Signal von Herz zu Herz.

Dass Gott Mensch wird, ist das größte Geschenk. Er kommt nicht mit Appellen und Forderungen. Er kommt höchstpersönlich. Gott schenkt sich selbst. Wir sehen, wer er ist und wie gut er es mit uns meint.

In einem Kinderlied hat der Liedermacher Daniel Kallauch es so ausgedrückt:

> „Runtergekommen, abgestiegen
> Erde statt Himmel, da wo wir sind
> Runtergekommen, abgestiegen
> Alles aus Liebe, der König wird Kind"

Und bei Martin Luther klingt es so: „Gott muss die Menschen von Herzen lieben, dass er uns eine solche Tat hören lässt, dass er mich nicht allein liebt, sondern mir so nahe kommt, dass er mit mir Mensch wird. Er wird, was ich bin. Dafür sollten alle Herzen von Dankbarkeit und Liebe zerschmelzen."[1]

3.4   Jesus verkündigt das Reich Gottes

In Jesus Christus ist Gott Mensch geworden und in unsere Welt gekommen. Und was hat er hier auf Erden getan? Er hat das Reich Gottes verkündigt:

Markusevangelium 1,14-15
(14) Nachdem aber Johannes überantwortet wurde, kam Jesus nach Galiläa und predigte das Evangelium Gottes (15) und sprach: Die Zeit ist erfüllt, und das Reich Gottes ist nahe herbeigekommen. Tut Buße und glaubt an das Evangelium!"

---

[1] Zit. in: Wolfgang Brinkel/Heike Hilgendiek (Hg.), Davids Stern steht über Bethlehem, München 1992, 263.

Das Reich Gottes

Was ist das – das *„Reich Gottes"*? Das zugrundeliegende griechische Wort kann mit „Königreich Gottes" wiedergegeben werden. Dann bezeichnet es einen Ort. Man kann es aber auch mit „Königsherrschaft Gottes" übersetzen. Dann geht es um Gottes „Regierungstätigkeit" – darum, dass er eingreift und Menschen rettet. So hat Jesus es gemeint.

Diese „Königsherrschaft Gottes" ist nicht nur etwas Zukünftiges; Gott regiert schon jetzt. Das Besondere an Jesu Botschaft vom Reich Gottes ist ja, dass es *„herbeigekommen"* ist. Jesus hat Menschen von bösen (dämonischen) Mächten befreit und anschließend der erstaunten Menschenmenge erklärt: *„Wenn ich aber durch den Finger Gottes die bösen Geister austreibe, so ist ja das Reich Gottes zu euch gekommen"* (Lk.11,20).

Jesus – das Reich Gottes

Jesus sagt sogar, dass das Reich Gottes in ihm gegenwärtig ist:

Lukasevangelium 17,20-21
„(20) Als er aber von den Pharisäern gefragt wurde: Wann kommt das Reich Gottes?, antwortete er ihnen und sprach: Das Reich Gottes kommt nicht mit äußeren Zeichen; (21) man wird auch nicht sagen: Siehe, hier!, oder: Da! Denn sehet, das Reich Gottes ist mitten unter euch."

Die Pharisäer warten voller Sehnsucht auf das Reich Gottes und beschäftigen sich daher mit der Frage, wann es kommt. Dabei halten sie nach bestimmten Vorzeichen Ausschau. Jesus aber erklärt ihnen: *„Das Reich Gottes kommt nicht mit äußeren Zeichen …"* Außerdem hatten sie bestimmte Vorstellungen darüber, wo das Reich Gottes aufgerichtet wird. Vermutlich meinten sie, dass dies in Israel geschehen wird (vgl. Apg.1,6, wo sogar die Jünger Jesu irrtümlich von einem *„Reich für Israel"* sprechen). Auch diese Auffassung kritisiert Jesus: *„… man wird auch nicht sagen: Siehe, hier!, oder: Da!"*

Wie verhält es sich denn dann mit dem Reich Gottes? Jesus sagt: *„Das Reich Gottes ist mitten unter euch."* Er meint damit, dass das Reich Gottes in seinen

Worten und Taten schon da ist. „Typisch für Jesu Reich-Gottes-Verkündigung ist ..., dass er nicht nur vom Reich Gottes spricht, sondern dass er das, was er sagt, auch durch sein Tun einlöst. So bricht für die Kranken, die Jesus heilt, oder für den Oberzöllner Zachäus, bei dem Jesus einkehrt und dessen Leben er vollständig verändert (vgl. Luk.19,1-10), das Reich Gottes hier und jetzt schon ganz konkret an. Die Ehebrecherin, die Jesus von ihren Sünden freispricht (Joh.8,1-11), oder die Kinder, die er nicht zurückweist (Mk.10,13-16 ...), oder die Frauen, die als damals stark diskriminierte Menschen mit ihm ziehen dürfen (Lk.8,1-3), erfahren hier und jetzt schon, dass Gott es gut meint mit den Menschen und dass er sich nicht an menschliche Maßstäbe von Gut und Böse binden lässt."[1]

Jesus Christus ist das Reich Gottes in Person. In ihm ist die Königsherrschaft Gottes nicht nur ein Traum, sondern bereits Gegenwart. Das gilt auch bzw. gerade dann, wenn wir mit ansehen müssen, wie Menschen rücksichtslosen Machthabern zum Opfer fallen. Weil Christen glauben, dass mit Jesus Christus etwas Neues begonnen hat, sehen sie nicht nur in die Vergangenheit und auf die Probleme der Gegenwart, sondern vor allem nach vorn – auf den Tag, an dem sich das Reich Gottes, das mit Jesus begonnen hat, auf der ganzen Linie durchsetzen wird (6.2).

3.5 Der Tod am Kreuz

Jesus verkündigt das Reich Gottes – aber er stirbt am Kreuz.

Markusevangelium 15,34-37
(34) Und zu der neunten Stunde rief Jesus laut: Eli, Eli, lama asabtani? Das heißt übersetzt: Mein Gott, mein Gott, warum hast du mich verlassen? (35) Und einige, die dabeistanden, als sie das hörten, sprachen sie: Siehe, er ruft den Elia. (36) Da lief einer und füllte einen Schwamm mit Essig, steckte ihn auf ein Rohr, gab ihm zu trinken und sprach: Halt, lasst uns sehen, ob Elia komme und ihn herabnehme! (37) Aber Jesus schrie laut und verschied.

---

[1] Peter Kliemann, Glauben ist menschlich. Argumente für die Torheit vom gekreuzigten Gott, Stuttgart 2001[10], 108f.

Angesichts des Todes Jesu am Kreuz gibt es eigentlich nur zwei Möglichkeiten. Die Erste: Jesus ist Opfer der Mächtigen geworden; er ist ein gescheiterter Idealist. Die Zweite: Der Tod Jesu am Kreuz war in Wirklichkeit ein Sieg und hat Entscheidendes bewirkt.

Der christliche Glaube gründet auf der zweiten Möglichkeit. Ohne diese Überzeugung gäbe es kein Christentum. Aber warum soll der Tod Jesu ein Sieg sein? Was hat er bewirkt?

Römerbrief 5,6-10
(6) Denn Christus ist schon zu der Zeit, als wir noch schwach waren, für uns Gottlose gestorben. (7) Nun stirbt kaum jemand um eines Gerechten willen; um des Guten willen wagt er vielleicht sein Leben. (8) Gott aber erweist seine Liebe zu uns darin, dass Christus für uns gestorben ist, als wir noch Sünder waren. (9) Um wie viel mehr werden wir nun durch ihn gerettet werden vor dem Zorn, nachdem wir jetzt durch sein Blut gerecht geworden sind. (10) Denn wenn wir mit Gott versöhnt worden sind durch den Tod seines Sohnes, als wir noch Feinde waren, um wie viel mehr werden wir selig werden durch sein Leben, nachdem wir nun versöhnt sind.

Für uns

Jesus ist nicht umsonst, sondern *„für uns Gottlose gestorben"*. „Für uns", das heißt: Er ist an unsere Stelle getreten. Er ist stellvertretend für uns gestorben.

Für Christen ist diese Aussage von zentraler Bedeutung. Andere aber lehnen sie vehement ab – z.B. weil sie meinen, dass jeder für sich selbst verantwortlich ist und die Folgen seines Handelns tragen muss, oder weil sie die Vorstellung eines stellvertretenden Opfertodes Jesu Christi für krankhaft halten.

Dietrich Bonhoeffer hat angemerkt, dass „Verantwortung auf Stellvertretung beruht" und dabei auf die alltäglichen Lebensverhältnisse hingewiesen, „in denen der Mensch unmittelbar genötigt ist, an der Stelle anderer Menschen zu handeln, also etwa als Vater, als Staatsmann, als Lehrmeister. Der Vater handelt an der Stelle der Kinder, indem er für sie arbeitet, für sie sorgt, eintritt, kämpft, leidet. Er tritt damit real an ihre Stelle. Er ist nicht ein isolierter Einzelner, sondern er vereinigt in sich das Ich mehrerer Menschen."[1]

Auf dieser Grundlage beschreibt Bonhoeffer Leben und Werk Jesu Christi mit folgenden Worten: „Jesus war nicht der Einzelne, der zu einer eigenen Vollkommenheit gelangen wollte, sondern er lebte nur als der, der in sich das Ich aller Menschen aufgenommen hat und trägt. Sein gesamtes Leben, Handeln und Sterben war Stellvertretung."[2]

Und weiter: „Jesus will nicht auf Kosten der Menschen als der einzig Vollkommene gelten, will nicht als der einzig Schuldlose auf die unter ihrer Sünde zugrunde gehende Menschheit herabsehen, will nicht über den Trümmern einer an ihrer Schuld gescheiterten Menschheit irgendeine Idee eines neuen Menschen triumphieren lassen. Er will sich nicht von der Schuld freisprechen, unter der die Menschen sterben ... Aus seiner selbstlosen Liebe, aus seiner Sündlosigkeit heraus tritt Jesus in die Schuld der Menschen ein, nimmt sie auf sich."[3]

Dass Jesus Christus stellvertretend für uns gestorben ist bedeutet, dass er mit uns getauscht hat. Nun will bei Tauschgeschäften in der Regel jeder auf seine Kosten kommen. „Gibst du mir das, geb' ich dir das." Hier aber geht es um ein ganz einseitiges Tauschgeschäft.

Wer kommt hier miteinander ins „(Tausch)Geschäft"? Da ist einerseits Jesus Christus, der Sohn des lebendigen Gottes, der Mensch geworden ist, auf dieser Erde ein einzigartiges und sündloses Leben geführt hat (Hebr.4,15; 1.Joh.3,5). Und da sind andererseits die Menschen, die sich von Gott losgesagt haben, Gefangene der Sünde sind und auf den Tod zusteuern.

Wie wird getauscht? Am Kreuz von Golgatha nimmt Jesus Christus unsere Sünde und unseren Tod auf sich. Im Gegenzug werden wir von unserer Sünde befreit und erhalten ewiges Leben. Oder in den Worten des Apostels Paulus aus dem zweiten Korintherbrief: *„Denn er hat den, der von keiner Sünde wusste, für uns zur Sünde gemacht, damit wir in ihm die Gerechtigkeit würden, die vor Gott gilt."* (2.Kor.5,21).

---

[1] Dietrich Bonhoeffer, „Die Geschichte und das Gute", in: Ethik, München 1988[12], 238.
[2] ebd., 239.
[3] ebd., 255f.

Das ist außergewöhnlich. Bei uns ist es schon etwas Besonderes, wenn jemand sich für einen Freund einsetzt und dabei vielleicht sein Leben riskiert. Aber bei Gott ist das anders: Er stirbt für seine Feinde. Deshalb sprengt der Tod Jesu Christi *„für uns"* den Rahmen dessen, was wir uns vorstellen können.

Gerecht gesprochen, versöhnt und sicher errettet

Welche Auswirkungen hat es für uns, dass Jesus Christus stellvertretend für uns gestorben ist?

1. Wir sind *„durch sein Blut gerecht geworden"*. Inwiefern? Es geht um einen Urteilsspruch. Uns wird Recht gegeben – wir werden für unschuldig bzw. gerecht erklärt.

    Normalerweise geschieht das nur, wenn wir auch tatsächlich unschuldig sind oder wenn uns niemand etwas beweisen kann („im Zweifel für den Angeklagten"). Zwischen Gott und uns aber läuft das ganz anders: „Im Zentrum des christlichen Glaubens steht die ungeheure Behauptung, dass der zu Recht Beschuldigte, dass der Mensch, der vor Gott ganz und gar im Unrecht ist und deshalb Sünder oder auch Gottloser genannt zu werden verdient, von Gott gerechtfertigt wird, also Anerkennung bei Gott findet."[1] Gott spricht uns gerecht, obwohl wir selbst es gar nicht sind – weil Jesus Christus für uns gestorben ist und mit uns getauscht hat.

2. Wir sind *„mit Gott versöhnt worden … durch den Tod seines Sohnes"*. Wenn von „Versöhnung" gesprochen wird, geht es um die Beendigung einer Feindschaft und die Wiederherstellung der Beziehung. Durch den Tod seines Sohnes hat Gott selbst dafür gesorgt, dass zwischen ihm und uns alles wieder in Ordnung ist.

3. Gott hat sich sogar von unserer Sünde, unserer Gottlosigkeit und unserer Feindschaft ihm gegenüber nicht abschrecken lassen, sondern sich trotzdem (bzw. gerade deshalb) in seinem Sohn Jesus Christus mit Haut und Haaren für uns geopfert. Weil er sich so für uns eingesetzt hat und wir *„gerecht geworden"* und *„mit Gott versöhnt worden sind"*, gibt es keinen

---

[1] Eberhardt Jüngel, Das Evangelium von der Rechtfertigung des Gottlosen als Zentrum des christlichen Glaubens, Tübingen 1999³, 6.

Grund mehr für die Annahme, dass wir verloren gehen. Im Gegenteil: *„Um wieviel mehr werden wir nun durch ihn bewahrt werden vor dem Zorn [dem Gericht Gottes], nachdem"* er das alles für uns getan hat. Wir können sicher sein, dass er uns nicht fallen lässt. Wir dürfen und sollen uns auch in Zukunft auf seine bedingungslose Liebe zu uns Menschen verlassen und in der Gewissheit leben, dass wir durch Jesus Christus gerettet sind.

3.6   Die Auferstehung Jesu

Das Neue Testament berichtet, dass Jesus drei Tage nach seinem Tod am Kreuz von den Toten auferstanden ist.

1. Korintherbrief 15,1.3-4
(1) Ich erinnere euch aber, Brüder und Schwestern, an das Evangelium, das ich euch verkündigt habe, ... (3) Denn als Erstes habe ich euch weitergegeben, was ich auch empfangen habe: Dass Christus gestorben ist für unsre Sünden nach der Schrift; (4) und dass er begraben worden ist; und dass er auferweckt worden ist am dritten Tage nach der Schrift.

Hier stellen sich zwei Fragen. Erstens: Wie ist das zu verstehen? Zweitens: Was bedeutet die Auferstehung Jesu?

Die Auferstehung Jesu verstehen

Wenn im Neuen Testament von der Auferstehung Jesu die Rede ist, ist damit ein ganz reales Ereignis gemeint. Das zeigt sich auch daran, dass Menschen Zeugen seiner Auferstehung waren:
- Die ersten Zeugen waren *„Maria Magdalena und die andere Maria"*, die kamen, *„um nach dem Grab zu sehen"* (Mt.28,1-10).
- Später ist der Auferstandene *„Kephas"* (Petrus), den anderen Jüngern, *„fünfhundert Brüdern"* und *„allen Aposteln"* leibhaftig begegnet (1.Kor.15,1-8).

Kann man diesen Zeugenaussagen vertrauen? Viele bezweifeln das und vermuten, dass hier „der Wunsch Vater des Gedankens" war. Die Jünger wären zu der Überzeugung gekommen, dass die Sache Jesu auch nach seinem Tod irgendwie weitergehen müsse. Dieser Wunsch sei so stark gewesen, dass sie schließlich an seine Auferstehung geglaubt hätten.

Man meint also, dass die Jünger nach dem grausamen Tod Jesu am Kreuz ganz von alleine und aus sich selbst heraus auf die Idee gekommen sind, dass Jesus von den Toten auferstanden ist. Die biblischen Berichte sagen allerdings exakt das Gegenteil: Jesus steht von den Toten auf, aber seine Jünger wollen das gar nicht glauben! Erst nach leibhaftigen Begegnungen mit dem Auferstandenen realisieren sie, was geschehen ist (z.B. Lk.24). Nach den Berichten des Neuen Testaments ist es also nicht so, dass die Jünger an die Auferstehung Jesu glauben wollen und dieser Wunsch so stark ist, dass sie schließlich glauben, dass Jesus tatsächlich von den Toten auferstanden ist. Es ist genau umgekehrt: der auferstandene Christus erweckt ihren Glauben.

In einem bestimmten Sinn aber haben diejenigen, die die Berichte von Jesu Auferstehung als fromme Erfindung ablehnen, recht: Die Auferstehung Jesu Christi ist kein normales, sondern ein außergewöhnliches Ereignis. Sie übersteigt unseren Horizont. Es handelt sich um etwas ganz Neues. Die Auferstehung Jesu geht weit über das hinaus, was wir für wahrscheinlich oder möglich halten. Sie ist unbegreiflich und unerklärlich – und deshalb auch unbeweisbar.

Und das bedeutet auch: Historiker können uns hier (leider) nicht weiterhelfen. Historiker suchen nach Erklärungen, vergleichen die Berichte mit anderen historischen Quellen und fragen, was angesichts bisher bekannter Ereignisse wahrscheinlich ist. Die Nachricht von der Auferstehung Jesu Christi kann bei ihnen nur Ratlosigkeit oder verwundertes Kopfschütteln auslösen. Historisch können sie nur eines feststellen: dass der Glaube an die Auferstehung Jesu im ersten Jahrhundert entstanden ist und sich schnell verbreitet hat. Mehr aber nicht. Historisches Denken bleibt im Rahmen des Bisherigen und Altbekannten. Die Auferstehung Jesu Christi will aber als ein Einschnitt, der Beginn einer neuen Zeit, einer neuen Ära, verstanden werden.

Der Blick auf die Vergangenheit, der historische Blick, hilft uns nicht, dieses Ereignis zu verstehen. Aber der Blick auf die Zukunft. Denn: die Auferstehung Jesu Christi ist die Vorwegnahme der zukünftigen Auferstehung der Toten. In diesem Sinne schreibt der Apostel Paulus:

---

1. Korintherbrief 15,20

Nun aber ist Christus auferweckt von den Toten als Erstling unter denen, die entschlafen sind.

Gemeint ist: Jesus Christus ist der Erste, der von der Toten auferstanden ist; andere werden folgen – bei der Auferstehung der Toten am Ende der Tage. Jesu Auferstehung ist der Auftakt zur allgemeinen Auferstehung.

Dass Jesus auferstanden ist, können wir nicht auf dem Hintergrund der Vergangenheit verstehen. Aber wenn wir auf eine Auferstehung der Toten hoffen, können wir auch glauben, dass Jesus Christus von den Toten auferstanden ist.

Das ist natürlich kein Beweis. Hier wird quasi ein nicht beweisbares Wunder (die Auferstehung Jesu) mit einem weiteren unbeweisbaren Wunder (der Auferstehung der Toten) begründet.

Aber die ersten Christen, die von Haus aus gläubige Juden waren, konnten das nachvollziehen. Sie hatten schon immer an eine Auferstehung der Toten geglaubt – noch bevor sie zum Glauben an Jesus Christus kamen. Nur die Sadduzäer – eine Strömung innerhalb des Judentums, deren Anhänger vor allem zur Oberschicht gehörten – lehnten sie ab (Mk.12,18; Apg.23,8). Aber alle anderen waren überzeugt, dass es bei der Sache mit Gott nicht nur um ein gutes und richtiges Leben im „Diesseits" geht – auch weil den meisten von ihnen ein solches gutes Leben verwehrt war. Sie glaubten an eine Auferstehung der Toten, weshalb die Botschaft von der Auferstehung Jesu für sie zwar überraschend, aber nicht außerhalb des Vorstellbaren war.

Und auch für moderne Zeitgenossen ist es vollstellbar, dass mit dem Tod nicht alles aus ist. Dann aber gibt es keinen Grund, die Auferstehung Jesu von vornherein als „Märchen" abzutun.

Die Bedeutung der Auferstehung Jesu

Was aber bedeutet es, dass Jesus von den Toten auferstanden ist? Die Antwort lautet: Weil Jesus auferstanden ist, werden auch wir einmal von den Toten auferstehen!

1. Thessalonicherbrief 4,13-18
(13) Wir wollen euch aber, Brüder und Schwestern, nicht im Ungewissen lassen über die, die da schlafen, damit ihr nicht traurig seid wie die andern, die keine Hoffnung haben. (14) Denn wenn wir glauben, dass Jesus gestorben und auferstanden ist, so wird Gott auch die, die da entschlafen sind, durch Jesus mit ihm führen. (15) Denn das sagen wir euch mit einem Wort des Herrn, dass wir, die wir leben und übrig bleiben bis zum Kommen des Herrn, denen nicht zuvorkommen werden, die entschlafen sind. (16) Denn er selbst, der Herr, wird, wenn der Ruf ertönt, wenn die Stimme des Erzengels und die Posaune Gottes erschallen, herabkommen vom Himmel, und die Toten werden in Christus auferstehen zuerst. (17) Danach werden wir, die wir leben und übrig bleiben, zugleich mit ihnen entrückt werden auf den Wolken, dem Herrn entgegen in die Luft. Und so werden wir beim Herrn sein allezeit. (18) So tröstet euch mit diesen Worten untereinander."

Anlass für diese Ausführungen des Apostels sind Fragen von Gemeindegliedern. Dabei geht es um das Schicksal verstorbener Mitglieder der Gemeinde. Man befürchtet, dass sie gegenüber denen im Nachteil sind, die vor der Wiederkunft Jesu Christi in Macht und Herrlichkeit nicht sterben werden.

Die Christen in Thessalonich erwarten, dass Jesus sehr bald wiederkommen und sein Reich aufrichten wird – und dass dann alle, die an Jesus Christus glauben, in sein ewiges Reich eingehen. Dann aber versterben die ersten Mitglieder ihrer Gemeinde. Jahr für Jahr wird die Frage nach ihrem Schicksal immer drängender.

Paulus will sie *„nicht im Ungewissen lassen"*, damit sie *„nicht traurig"* sind. Deshalb erinnert er die Christen in Thessalonich daran, *„dass Jesus gestorben und auferstanden ist"*. Daraus folgt zwingend, dass Gott diejenigen, die *„entschlafen sind"*, in sein ewiges Reich führen wird.

Zur Begründung verweist Paulus auf ein *„Wort des Herrn"*. Vermutlich handelt es sich hier um ein Jesus-Wort, das nicht in die Berichte der Evangelien aufgenommen wurde. Danach verhält es sich so, dass diejenigen, die bis zum Kommen Jesu nicht versterben, dadurch gegenüber denen, die *„entschlafen sind"*, nicht im Vorteil sind.

Warum das so ist, wird in Vers 16 deutlich. Auf ein bestimmtes Signal hin wird Jesus Christus *„herabkommen vom Himmel"*. Dann werden *„zuerst"* die Toten auferstehen. *„Danach"* werden diejenigen, die vor der Wiederkunft Jesu nicht verstorben sind, *„zugleich mit ihnen entrückt werden auf den Wolken in die Luft, dem Herrn entgegen"*. Gemeint ist vermutlich, dass sie dem wiederkommenden Herrn entgegen gehen, um ihn freudig zu empfangen (vgl. Mt.25,1ff.).

Damit steht fest: Diejenigen, die vor der Wiederkunft Jesu *„entschlafen"* sind, werden gegenüber denen, die dieses Ereignis erleben ohne vorher verstorben zu sein, in keiner Weise benachteiligt. Wie Christus auferstanden ist, werden auch sie von den Toten auferstehen. Beide „Gruppen" werden *„bei dem Herrn sein allezeit"*. Paulus ist sicher, dass diese Worte die entstandene Irritation in der Gemeinde beseitigen und die Betroffenen trösten können.

Noch ist der Tod bittere Realität. Aber er hat nicht das letzte Wort. Die Macht des Todes ist gebrochen. Die Auferstehung der Toten ist Zukunftsmusik, schöne Zukunftsmusik. Aber weil Christus auferstanden ist, bestimmt diese Zukunftsmusik schon heute unser Leben. Wir dürfen und sollen uns schon heute zu dieser Musik bewegen.

Auferstehung heute

Die Auferstehung ist aber nicht nur ermutigende Zukunftsmusik. Sie geschieht bereits hier und heute – indem für Menschen, die lebendig tot sind (vgl. 2.4), ein neues Leben beginnt:

Epheserbrief 2,4-6
(4) Aber Gott, der reich ist an Barmherzigkeit, hat in seiner großen Liebe, mit der er uns geliebt hat, (5) auch uns, die wir tot waren in den Sünden, mit Christus

> *lebendig gemacht - aus Gnade seid ihr gerettet -; (6) und er hat uns mit auferweckt und mit eingesetzt im Himmel in Christus Jesus,*

Für Christen beginnt hier und heute ein neues Leben – auch wenn sie bis zur Wiederkunft sterbliche Menschen sind und bleiben.

Wo zeigt sich das neue Leben? Paulus denkt hier vor allem daran, dass Christen Gutes tun: *„Wir sind sein Werk, geschaffen in Christus Jesus zu guten Werken ..."* (Eph.2,10).

Es gibt eine Auferstehung derer, die lebendig tot sind. Es gibt eine Auferstehung hier und jetzt. Zusammen mit Christus erweckt Gott uns zu einem neuem Leben, das hier und heute beginnt und eine ewige Perspektive hat.

3.7   In den Himmel aufgefahren

Vierzig Tage nach Ostern (Apg.1,3) feiert die Christenheit „Christi Himmelfahrt".

> Lukasevangelium 24,50-51
>
> *„(50) Er [Jesus] führte sie aber hinaus bis nach Betanien und hob die Hände auf und segnete sie. (51) Und es geschah, als er sie segnete, schied er von ihnen und fuhr auf gen Himmel."*

Dass Jesus gen Himmel gefahren und jetzt dort ist bedeutet nicht, dass er sich nach getaner Arbeit ausruht. Nach wie vor setzt er sich für uns ein.

Christus vertritt uns

Nach seiner Himmelfahrt sorgt Christus dafür, dass nichts und niemand unser Heil in Frage stellen kann.

> Römerbrief 8,31-34.38-39
>
> *„(31) Was wollen wir nun hierzu sagen? Ist Gott für uns, wer kann wider uns sein? (32) Der auch seinen eigenen Sohn nicht verschont hat, sondern hat ihn für uns alle dahingegeben - wie sollte er uns mit ihm nicht alles schenken? (33) Wer will die Auserwählten Gottes beschuldigen? Gott ist hier, der gerecht macht. (34) Wer will verdammen? Christus Jesus ist hier, der gestorben ist, ja mehr noch, der auch auferweckt ist, der zur Rechten Gottes ist und für uns eintritt ... (38) Denn ich bin gewiss, dass weder Tod noch Leben, weder Engel noch Mächte noch Gewalten, weder Gegenwärtiges noch Zukünftiges, (39) weder Hohes noch Tiefes noch irgendeine andere Kreatur uns scheiden kann von der Liebe Gottes, die in Christus Jesus ist, unserm Herrn.*

Wenn Paulus sagt, dass Christus *„zur Rechten Gottes"*, also im Himmel, *„für uns eintritt"*, müssen wir ihn uns nicht wie einen Rechtsanwalt vorstellen, der alle Register zieht, um für seine Mandanten bei Gott ein günstiges Urteil zu erwirken. Das stimmt schon deshalb nicht, weil Gott ja sowieso *„für uns"* ist.

Worum geht es dann? Solange wir noch nicht für immer *„bei dem Herrn"* sind (1.Thess.4,17; vgl. 3.6), stehen wir in der Kritik. Unsere Erlösung wird in Frage gestellt (Paulus denkt dabei vermutlich daran, dass dies durch den Teufel geschieht). Deshalb ist es gut für uns zu wissen: Jesus Christus, der alles für uns getan hat, lässt uns nicht los. Er hält uns unseren Platz in Gottes neuer Welt frei. Nichts kann *„uns scheiden ... von der Liebe Gottes, die in Christus Jesus ist, unserm Herrn"*.

Christus regiert

Jesus Christus, der von den Toten auferstanden und gen Himmel gefahren ist, hält aber nicht nur unser Leben, sondern die ganze Welt in seiner Hand.

> Epheserbrief 1,20-21
>
> *(20) Mit ihr [der Kraft Gottes] hat er an Christus gewirkt, als er ihn von den Toten auferweckt hat und eingesetzt zu seiner Rechten im Himmel (21) über alle Reiche, Gewalt, Macht, Herrschaft und jeden Namen, der angerufen wird, nicht allein in dieser Welt, sondern auch in der zukünftigen.*

Zur „*Rechten*" des Königs saßen in alter Zeit die Mitregenten (vgl. z.B. 1.Kön.2,19). Dass Christus von Gott „*zu seiner Rechten im Himmel*" eingesetzt worden ist, bedeutet also, dass er mit ihm regiert – und zwar „*über alle Reiche, Gewalt, Macht, Herrschaft*". Ähnlich hat Jesus kurz vor seiner Himmelfahrt seinen Jüngern erklärt:

Matthäusevangelium 28,18-20
(18) Und Jesus trat herzu, redete mit ihnen und sprach: Mir ist gegeben alle Gewalt im Himmel und auf Erden. (19) Darum gehet hin und lehret alle Völker: Taufet sie auf den Namen des Vaters und des Sohnes und des Heiligen Geistes (20) und lehret sie halten alles, was ich euch befohlen habe. Und siehe, ich bin bei euch alle Tage bis an der Welt Ende.

Der Auferstandene erklärt seinen Jüngern, dass ihm alle Macht übertragen wurde bzw. die Macht über alles. Auf dieser Grundlage und im Wissen, dass er bei ihnen ist, sollen sie das Evangelium in alle Welt tragen.

Wie ist es zu verstehen, dass Jesus Christus „*über alle Reiche, Gewalt, Macht, Herrschaft*" eingesetzt ist bzw. „*alle Gewalt im Himmel und auf Erden*" hat? Das ist nicht so dahingesagt, sondern ernst gemeint. Es handelt sich auch nicht lediglich um einen frommen Wunsch. Diese Worte beschreiben eine Realität.

Diese Realität ist aber nicht mit Händen zu greifen; sie ist unsichtbar. Das zeigt eine Aussage aus dem Hebräerbrief, in der es über Jesus Christus heißt:

Hebräerbrief 2,8
... Als er ihm alles unter die Füße getan hat, hat er nichts ausgenommen, was ihm nicht untertan wäre. Jetzt aber sehen wir noch nicht, dass ihm alles untertan ist.

Gott hat seinem Sohn Jesus Christus die Herrschaft übergeben. Vordergründig betrachtet regieren die irdischen Machthaber. Aber in Wirklichkeit steht jemand über ihnen. Sie wissen es nicht – auch die Menschen, über die sie regieren, nicht. Aber alle, die an Jesus Christus glauben.

In der Tageszeitung steht nichts davon. Dort steht nur, was die Mächtigen in Politik und Wirtschaft so treiben. Das liegt aber nicht etwa daran, dass die

Tageszeitungen „Lügenpresse" wären. Das liegt daran, dass man nur im Glauben erkennen kann, dass Jesus „alle Gewalt im Himmel und auf Erden" hat.

Dieser Glaube ist ein Glaube gegen den äußeren Anschein. Er bezieht sich nicht auf nachprüfbare Fakten. Er erfindet auch keine „alternativen Fakten". Er hält – trotz aller Meldungen über die Entscheidungen der Mächtigen und deren Folgen für die Menschheit – daran fest, dass mit Jesus Christus das Reich Gottes bereits begonnen hat und sich einmal auf der ganzen Linie durchsetzen wird.

Was folgt daraus, dass Jesus Christus „alle Gewalt im Himmel und auf Erden" gegeben wurde? Christen verdrängen nicht, was in dieser Welt an Schrecklichem geschieht. Aber sie glauben, dass dies nicht alles ist. Probleme sind da – oft in erschreckendem Ausmaß; aber Jesus Christus ist auch da. Er hat diese Welt nicht aufgegeben. Deshalb sind Christen nicht übermütig, aber zuversichtlich – und engagieren sich für diese Welt.

3.8   Pfingsten

In seinem Abschiedswort kurz vor seiner Himmelfahrt kündigt Jesus seinen Jüngern an, ihnen die „Kraft aus der Höhe" zu senden. „Und siehe, ich sende auf euch, was mein Vater verheißen hat. Ihr aber sollt in der Stadt bleiben, bis ihr angetan werdet mit Kraft aus der Höhe."(Lk.24,49). Diese Verheißung erfüllt sich zu Pfingsten – also mit der Ausgießung des Heiligen Geistes.

Apostelgeschichte 2,1-4a
(1) Und als der Pfingsttag gekommen war, waren sie [die Jünger und andere Sympathisanten Jesu] alle beieinander an einem Ort. (2) Und es geschah plötzlich ein Brausen vom Himmel wie von einem gewaltigen Sturm und erfüllte das ganze Haus, in dem sie saßen. (3) Und es erschienen ihnen Zungen, zerteilt und wie von Feuer, und setzten sich auf einen jeden von ihnen, (4) und sie wurden alle erfüllt von dem Heiligen Geist ...

Was aber bedeutet die Sendung des Heiligen Geistes? Hier lohnt sich ein ausführlicher Blick auf die Aussagen des Apostels Paulus und die Abschiedsreden Jesu, die im Johannesevangelium überliefert sind.

Paulus: Die Gaben des Geistes und die Frucht des Geistes

1. Korintherbrief 12,1.4.8-11
(1) Über die Gaben des Geistes aber will ich euch, Brüder und Schwestern, nicht in Unwissenheit lassen ... (4) Es sind verschiedene Gaben; aber es ist ein Geist ... (7) Durch einen jeden offenbart sich der Geist zum Nutzen aller. (8) Dem einen wird durch den Geist ein Wort der Weisheit gegeben; dem andern ein Wort der Erkenntnis durch denselben Geist; (9) einem andern Glaube, in demselben Geist; einem andern die Gabe, gesund zu machen, in dem einen Geist; (10) einem andern die Kraft, Wunder zu tun; einem andern prophetische Rede; einem andern die Gabe, die Geister zu unterscheiden; einem andern mancherlei Zungenrede; einem andern die Gabe, sie auszulegen. (11) Dies alles aber wirkt derselbe eine Geist, der einem jeden das Seine zuteilt, wie er will.

Paulus schneidet ein Thema an, über das es in der Gemeinde Korinth zu Konflikten gekommen ist: die *„Gaben des Geistes"*. Er stellt fest: Es gibt *„verschiedene Gaben"*, es ist *„ein Geist"*. Gemeint ist: so verschieden die Gaben sind – sie haben alle den gleichen Ursprung.

In diesem Zusammenhang nennt Paulus – ohne Anspruch auf Vollständigkeit – folgende Gaben:

Gabe	Bedeutung
„... ein Wort der Weisheit ..."	Gabe, über das richtige Verständnis göttlicher Geheimnisse zu reden (vgl. 1.Kor.2,7: *„... wir reden von der Weisheit Gottes, die im Geheimnis verborgen ist...")*.
„... ein Wort der Erkenntnis ..."	Gabe, bestimmte Lehren und Verhaltensweisen begründen zu können (vgl. 1.Kor.8,1: *„Was aber das Götzenopfer angeht, so wissen wir, dass wir alle die Erkenntnis haben ...")*.

„… Glaube …"	Gabe des Vertrauens auf Gottes Wundermacht (vgl. 1.Kor.13,2: „… allen Glauben, sodass ich Berge versetzen könnte …").
„… Gabe, gesund zu machen …"	Gabe der Krankenheilung.
„… Kraft, Wunder zu tun …"	Gabe, Wunder zu tun – ggf. über Krankenheilungen hinaus.
„… prophetische Rede …"	Gabe, die Gemeinde auf Grund von Offenbarung zu ermahnen und zu trösten (vgl. 1.Kor.14,3: „Wer aber prophetisch redet, der redet zu Menschen zur Erbauung und zur Ermahnung und zur Tröstung.")
„… Gabe, die Geister zu unterscheiden …"	Gabe, prophetische Rede zu überprüfen (1.Thess.5,20f.: „Prophetische Rede verachtet nicht. Prüft aber alles …").
„… mancherlei Zungenrede …"	Gabe eines vom Geist gewirkten Gebets in unverständlichen Worten, die mit dem Verstand nicht erfasst werden können, zur persönlichen Erbauung (1.Kor.14,2: „Denn wer in Zungen redet, der redet nicht zu Menschen, sondern zu Gott; denn niemand versteht ihn: im Geist redet er Geheimnisse.")
„… Gabe, sie [die Zungenrede] auszulegen."	Gabe, das Gebet in Zungen für die Gemeinde in verständliche Worte zu „übersetzen".

Im Anschluss an diese Aufzählung macht Paulus deutlich, worauf es ihm dabei ankommt: All diese verschiedenen Geistesgaben „wirkt derselbe eine Geist". Er teilt „einem jeden das Seine zu" und tut das „wie er will".

Galaterbrief 5,16.22-23
(16) Ich sage aber: Wandelt im Geist, so werdet ihr das Begehren des Fleisches nicht erfüllen … (22) Die Frucht aber des Geistes ist Liebe, Freude, Friede, Geduld, Freundlichkeit, Güte, Treue, (23) Sanftmut, Keuschheit; gegen all dies steht kein Gesetz.

In seinem Schreiben an die Gemeinden in Galatien kritisiert der Apostel Paulus Christen, die *„durch das Gesetz gerecht werden"* wollen (Gal.5,4). Dabei ist ihm bewusst, dass seine Gegner ihm vorwerfen, mit dieser Auffassung der Unmoral Tür und Tor zu öffnen. Daher weist er darauf hin, dass das Leben des Christen vom *„Geist"* bestimmt wird und er deshalb *„das Begehren des Fleisches nicht erfüllen"* wird.

Wenn Paulus hier vom *„Geist"* spricht, meint er nicht den menschlichen Geist, sondern den Geist, der von Gott kommt, den er *„in unsere Herzen"* hinein *„gesandt"* hat (Gal.4,6).

Dieser Geist *„macht uns von innen heraus ganz lebendig und erweckt alle unsere Lebensgeister"*[1] (vgl. Röm.8,11). Er bringt *„Frucht"*. Dabei gilt: „Die ‚Furcht des Geistes' kann man nicht ‚machen' und auch nicht lernen. Man muss sie erwarten und wachsen lassen, wie die Früchte an den Bäumen reifen. Was als ‚Frucht des Heiligen Geistes' in unserem Leben wirklich sichtbar wird, kommt nicht von uns, sondern vom Geist in uns und durch uns … Die … ‚Frucht des Geistes' bleibt den Betroffenen selbst meistens unbekannt. Andere Menschen … aber spüren sehr gut den Frieden und die Geduld, die Freude und das Vertrauen, die geisterfüllte Menschen ausstrahlen."[2]

Gegen die Frucht des Geistes *„steht kein Gesetz"*. Wer im Geist *„wandelt"*, muss sich nicht ängstlich fragen, ob er in Konflikt mit dem Gesetz gerät.

Johannes: Der Geist als Stellvertreter Jesu als Lehrer der Gemeinde

Im Johannesevangelium gibt es einen längeren Abschnitt, den man mit „Abschiedsreden" überschreiben kann. In ihnen gibt Jesus seinen Jüngern Trost und Verheißungen für die Zeit nach seinem Weggang. Dabei ist immer wieder vom Heiligen Geist die Rede. Er soll Jesu Wirken fortsetzen.

---

[1] Jürgen Moltmann, Die Quelle des Lebens. Der Heilige Geist und die Theologie des Lebens, Gütersloh 1997. 58.
[2] ebd., 57f.

Johannesevangelium 14,16-17
(16) Und ich will den Vater bitten und er wird euch einen andern Tröster geben, dass er bei euch sei in Ewigkeit: (17) den Geist der Wahrheit, den die Welt nicht empfangen kann, denn sie sieht ihn nicht und kennt ihn nicht. Ihr kennt ihn, denn er bleibt bei euch und wird in euch sein.

Jesus wird seinen Vater um einen *„andern Tröster"* bitten. „Beistand", „Helfer", „Ratgeber" und „Tröster" sind verschiedene Übersetzungen des griechischen Worts „parakletos", das sich aus der Vorsilbe „para" („neben") und dem Adjektiv „kletos" („gerufen") zusammensetzt. Wörtlich bedeutet es „jemand, der einem zur Seite gerufen wird" bzw. „eine Person, die zu Hilfe kommt". Dies kann sich auf einen Vermittler, einen Fürsprecher, einen Helfer, einen Ratgeber und sogar auf einen Anwalt beziehen – also auf jemanden, der einen Menschen vor Gericht oder in anderen schwierigen Situationen zur Seite steht und bewahrt (die Bezeichnung „Beistand" erscheint deshalb am sinnvollsten und wird in der folgenden Auslegung verwendet).

Die Sendung des Beistands geht auf die Initiative Jesu zurück. Er erklärt seinen Jüngern: *„Und ich will den Vater bitten und er wird euch einen andern Tröster geben ..."* Jesus selbst ist Beistand. Im ersten Johannesbrief heißt es: *„Meine Kinder, dies schreibe ich euch, damit ihr nicht sündigt. Und wenn jemand sündigt, so haben wir einen Fürsprecher [Paraklet, Beistand] bei dem Vater, Jesus Christus, der gerecht ist."* (1.Joh.2,1). M.a.W.: Jesus, der erste Beistand, wird durch einen anderen ersetzt, der seine Rolle übernimmt.

Über diesen anderen Beistand sagt Jesus, dass er *„in Ewigkeit"* bei seinen Jüngern sein wird. Die unwiderrufliche Abwesenheit Jesu, des ersten Beistands, um die es in der Abschiedsrede geht, wird durch die uneingeschränkte Anwesenheit des zweiten Beistands mehr als kompensiert. Er – und niemand sonst – ist ein würdiger Nachfolger Jesu.

Der Beistand ist *„der Geist der Wahrheit"*. Von der *„Wahrheit"* hat Jesus kurz zuvor gesprochen und gesagt: *„Ich bin der Weg und die Wahrheit und das Leben ..."*(Joh.14,6). Das zeigt, dass die Botschaft Jesu und die Botschaft des Geistes übereinstimmen.

Den *„Geist der Wahrheit"* gibt es ausschließlich für Jünger Jesu. Die *„Welt"* kann ihn *„nicht empfangen"*. Sie *„sieht ihn nicht und kennt ihn nicht"*. Sie hat kein

Organ für ihn. Für die Jünger Jesu aber gilt: *„Ihr kennt ihn, denn er bleibt bei euch und wird in euch sein."*

In den Versen 16-17 ist noch nicht ausdrücklich davon die Rede, welche Aufgabe der *„Geist der Wahrheit"* hat. Das wird aber in den folgenden Abschnitten überdeutlich.

Johannesevangelium 14,25-26
(25) Das habe ich zu euch geredet, solange ich bei euch gewesen bin. (26) Aber der Tröster, der Heilige Geist, den mein Vater senden wird in meinem Namen, der wird euch alles lehren und euch an alles erinnern, was ich euch gesagt habe.

Zunächst erinnert Jesus seine Jünger daran, dass er dies alles in der Zeit seiner irdischen Gegenwart zu ihnen *„geredet"* hat. Dann aber wird *„der Tröster, der Heilige Geist",* kommen. Gott wird ihn im Namen Jesu senden – so wie er zuvor seinen Sohn Jesus Christus gesandt hat.

Seine Aufgabe besteht darin, die Jünger *„alles"* zu *„lehren"* und sie an *„alles"* zu *„erinnern",* was er ihnen gesagt hat. Weil es nicht nur um ein Erinnern, sondern auch um ein Lehren geht, handelt es sich dabei nicht um eine wörtliche Wiederholung, sondern eine Auslegung der Verkündigung Jesu für die Gegenwart der Gemeinde (z.B. im Gottesdienst).

Johannesevangelium 15,26-27
(26) Wenn aber der Tröster kommen wird, den ich euch senden werde vom Vater, der Geist der Wahrheit, der vom Vater ausgeht, der wird Zeugnis geben von mir. (27) Und auch ihr legt Zeugnis ab, denn ihr seid von Anfang an bei mir.

Diese Verse stehen in der Mitte eines Abschnitts, in dem es um den Hass der Welt geht (Joh.15,18a-16,4a). Deshalb geht es hier darum, wie der Beistand den Nachfolgern Jesu angesichts der Ablehnung und Bedrängnis durch die Welt helfen kann.

Jesus wird den *„Tröster"* *„vom Vater"* *„senden".* Es handelt sich dabei um den *„Geist der Wahrheit, der vom Vater ausgeht".* Welche Funktion des Beistands steht hier im Vordergrund, wo es um den Hass der Welt geht? Jesus sagt vom ihm: „… *der wird Zeugnis geben von mir.*" Vor dem „Tribunal der Welt" legt er Zeugnis von Jesus ab. Und mit und durch ihn auch seine Jünger; sie bezeugen, dass Jesus der von Gott Gesandte ist. So wie es auch die anderen Evangelien berichten: „*Und wenn sie euch hinführen und überantworten werden, so sorgt euch nicht vorher, was ihr reden sollt; sondern was euch in jener Stunde gegeben wird, das redet. Denn ihr seid's nicht, die da reden, sondern der Heilige Geist.*" (Mk.13,11).

In der Bedrängnis ist die Gemeinde nicht auf sich allein gestellt; der Geist Gottes bezeugt die Wahrheit der Botschaft Jesu und gibt der Gemeinde die Kraft, diese Wahrheit auch in einer feindlichen Umwelt zu bezeugen.

Johannesevangelium 16,4b-15

(4b) Zu Anfang aber habe ich es euch nicht gesagt, denn ich war bei euch. (5) Jetzt aber gehe ich hin zu dem, der mich gesandt hat; und niemand von euch fragt mich: Wo gehst du hin? (6) Doch weil ich dies zu euch geredet habe, ist euer Herz voll Trauer. (7) Aber ich sage euch die Wahrheit: Es ist gut für euch, dass ich weggehe. Denn wenn ich nicht weggehe, kommt der Tröster nicht zu euch. Wenn ich aber gehe, werde ich ihn zu euch senden.

(8) Und wenn er kommt, wird er der Welt die Augen auftun über die Sünde und über die Gerechtigkeit und über das Gericht; (9) über die Sünde: dass sie nicht an mich glauben; (10) über die Gerechtigkeit: dass ich zum Vater gehe und ihr mich hinfort nicht seht; (11) über das Gericht: dass der Fürst dieser Welt gerichtet ist.

(12) Ich habe euch noch viel zu sagen; aber ihr könnt es jetzt nicht ertragen. (13) Wenn aber jener kommt, der Geist der Wahrheit, wird er euch in aller Wahrheit leiten. Denn er wird nicht aus sich selber reden; sondern was er hören wird, das wird er reden, und was zukünftig ist, wird er euch verkündigen. (14) Er wird mich verherrlichen; denn von dem Meinen wird er's nehmen und euch verkündigen. (15) Alles, was der Vater hat, das ist mein. Darum habe ich gesagt: Er nimmt es von dem Meinen und wird es euch verkündigen.

Jesus erklärt seinen Jüngern: „*Es ist gut für euch, dass ich weggehe.*" Er sagt das, weil er weiß, dass seine Jünger das ganz anders sehen – auch weil er kurz zuvor über den Hass der Welt gegen sich selbst und seine Nachfolger gesprochen hat. Weil er dann auch noch von seinem Weggang spricht, verschlägt es seinen Jüngern die Sprache. Ihr „*Herz*" ist „*voll Trauer*". Sie sind völlig verstört.

„*Es ist gut für euch, dass ich weggehe.*" Meint Jesus wirklich, dass er seine Jünger damit trösten kann? Wenn er sie damit wirklich aus ihrer Trauer und Verzweiflung herausreißen will, muss er diesen Satz schon gut begründen.

Seine Begründung lautet: „*Denn wenn ich nicht weggehe, kommt der Tröster nicht zu euch. Wenn ich aber gehe, werde ich ihn zu euch senden.*" Jesus sagt es ihnen sicherheitshalber gleich zweimal, formuliert einmal negativ und einmal positiv. Erst nennt er die Folgen, die es hat, wenn er nicht weggeht: Der Heilige Geist, der Tröster und Beistand, wird nicht zu ihnen kommen. Dann erklärt er, was er tun wird, wenn er geht: Er wird ihnen den Beistand senden.

Das allein reicht sicher nicht, um die Jünger auf andere Gedanken zu bringen. Deshalb beschreibt Jesus in den folgenden Versen das Wirken des Beistands. Zunächst spricht er vom Wirken des Beistands gegenüber der Welt (16,8-11), dann von seinem Wirken in der Kirche (16,12-15).

Was meint Jesus, wenn er sagt, dass der Beistand „*der Welt die Augen auftun*" wird? Das Problem beginnt bereits bei der Übersetzung. Das Wort kann mit „zurechtweisen", „aufdecken" oder „überführen" übersetzt werden – in einem moralisch-pädagogischen Sinn, aber auch in einem juristischen Sinn. Und hier geht es um einen Prozess, bei dem der Welt vom Heiligen Geist, dem Beistand, etwas nachgewiesen wird. Deshalb übersetzt die Elberfelder Bibel zu Recht: „*Und wenn er gekommen ist, wird er die Welt überführen ...*". Es geht also um ein Prozessgeschehen, in dem das Unrecht der Welt ans Licht kommt. Der Beistand fungiert hier als Ankläger, der den Schuldigen überführt.

Im ersten Teil des Johannesevangeliums war davon die Rede, dass der Vater seinem Sohn das Gericht „*übergeben*" hat (Joh.5,22: „*Denn der Vater richtet niemand, sondern hat alles Gericht dem Sohn übergeben, ...*"). Nun zeigt sich: Der Beistand ist auch in dieser Funktion der Nachfolger Jesu.

Wie sollen wir uns dieses Wirken des Beistands konkret vorstellen? Geht es darum, dass die Nachfolger Jesu durch diesen Beistand in der Lage sind, vor der Welt Zeugnis abzulegen und ihr nachzuweisen, dass sie im Unrecht ist? Oder wirkt er vor allem innerhalb der Gemeinde und gibt den Nachfolgern die Gewissheit, dass sie im Recht sind – auch wenn die Welt, in der sie leben, etwas ganz anderes behauptet? Der Text schweigt darüber. Vielleicht ist beides gemeint.

Klar ist aber, in welchen Punkten der Beistand die Welt „überführt": „... *über die Sünde und über die Gerechtigkeit und über das Gericht"*. Jesus erläutert diese drei Punkte jeweils mit einigen wenigen Worten.

- „... *Über die Sünde: dass sie nicht an mich glauben"*. Es geht darum, dass Jesus abgelehnt wird. Das führt zur Verurteilung. Im dritten Kapitel des Johannesevangeliums hatte Jesus gesagt: *„Wer an ihn glaubt, der wird nicht gerichtet; wer aber nicht glaubt, der ist schon gerichtet, denn er hat nicht geglaubt an den Namen des eingeborenen Sohnes Gottes."* (Joh.3,18). Und später: *„So habe ich euch gesagt, dass ihr sterben werdet in euren Sünden; denn wenn ihr nicht glaubt, dass ich es bin, werdet ihr sterben in euren Sünden."* (Joh.8,24).

- *„Über die Gerechtigkeit: dass ich zum Vater gehe und ihr mich hinfort nicht seht"*. Im Prozess mit der Welt wird der Beistand deutlich machen, dass Jesus *„zum Vater"* geht. Dadurch überführt er die Welt im Hinblick auf die *„Gerechtigkeit"*.

  Wie das? Hintergrund ist die Auffassung der *„Welt"*, dass der gewaltsame Tod Jesu der schlagende Beweis dafür ist, dass Jesus sich zu Unrecht als der von Gott Gesandte bezeichnet hat und stattdessen unter einem Fluch steht. Demgegenüber stellt der Beistand fest, dass Jesus *„zum Vater"* gegangen ist, von Gott aufgenommen und anerkannt worden ist. Der Tod am Kreuz ist kein Zeichen seiner Niederlage; der Tod am Kreuz ist der Sieg.

  Der Nachsatz *„und ihr mich hinfort nicht seht"* weist auf die „unvermeidlichen Nebenwirkungen" hin, die der Weggang Jesu zum Vater für die Jünger hat. Möglicherweise ist auch gemeint: Dass niemand mehr Jesus sieht, ist ein Indiz dafür, dass er zu seinem Vater gegangen ist.

- *„Über das Gericht: dass der Fürst dieser Welt gerichtet ist."* Wer ist der *„Fürst dieser Welt"*? Natürlich der Teufel bzw. der Satan. Ähnlich hieß es in Joh.12,31: *„Jetzt ergeht das Gericht über diese Welt; jetzt wird der Fürst dieser Welt hinausgestoßen werden."*. Wann, wo und wodurch wurde er *„gerichtet"* bzw. *„hinausgestoßen"*? Dadurch, dass Jesus am Kreuz gestorben ist. Der Beistand erinnert also an den Sieg, den Jesus Christus am Kreuz von Golgatha über Sünde, Tod und Teufel errungen hat.

In seinen Ausführungen zum Wirken des Beistands in der Kirche geht Jesus zunächst auf die aktuelle Lage der Jünger ein. Er hätte ihnen „noch viel zu sagen", sie können es aber „jetzt nicht ertragen".

Das Wort richtet sich an die Jünger Jesu vor Ostern. „Jetzt", vor der Passion, können sie das, was Jesus ihnen über ihre Zukunft zu sagen hätte, nicht richtig begreifen. Dann aber wird der Beistand kommen. Er ist der „Geist der Wahrheit" (vgl. 14,17; 15,26). Deshalb ist er geeignet, das Wirken Jesu, der „der Weg und die Wahrheit und das Leben" ist (Joh.14,6), fortzuführen. Er wird die Nachfolger Jesu „in aller Wahrheit leiten".

Das zeigt zunächst, dass der Heilige Geist, der Beistand, nicht mit Emotionen gleichzusetzen ist. Emotionen gehören natürlich immer dazu. Aber es geht um Inhalte, um die „Wahrheit" über Gott.

Wie aber leitet der Tröster „in aller Wahrheit"? Nicht durch eigene Offenbarungen, sondern indem er das redet, „was er hören wird". Auch Jesus hat nicht „aus sich selber" geredet. Er sagt: „Denn ich habe nicht aus mir selbst geredet, sondern der Vater, der mich gesandt hat, der hat mir ein Gebot gegeben, was ich tun und reden soll." (Joh.12,49). Stattdessen hat er geredet, was er von seinem Vater gehört hat: „Nun aber sucht ihr mich zu töten, einen Menschen, der ich euch die Wahrheit gesagt habe, die ich von Gott gehört habe ..." (Joh.8,40).

Wie Jesus nicht „aus sich selber" geredet hat, sondern das, was er vom Vater „gehört" hat, so redet der Tröster „nicht aus sich selber", sondern nur das, „was er hören wird" – von Jesus „hören wird", wie in Vers 14 deutlich wird: „... denn von dem Meinen wird er's nehmen und euch verkündigen." Der Heilige Geist hat also nicht die Aufgabe, gegenüber der Offenbarung Jesu etwas Neues zu verkünden, sondern die Worte Jesu neu zu sagen.

Außerdem wird der Beistand den Nachfolgern „verkündigen", „was zukünftig ist". Wörtlich übersetzt geht es um „das Kommende". Was meint Jesus? Die unmittelbar bevorstehende Passion? Die Zeit nach Ostern, in der die Gemeinde ohne Jesus, aber mit dem Beistand lebt? Oder endzeitliche Ereignisse? Das muss offen bleiben. Fest steht, dass die Gemeinde durch den Beistand nach vorne schauen kann.

Damit wirklich niemand auf die Idee kommt, dass das Wirken des Beistands unabhängig von ihm geschieht, betont Jesus: *„Er wird mich verherrlichen; denn von dem Meinen wird er's nehmen und euch verkündigen."* Auch hier fällt auf, dass etwas ganz Ähnliches über das Verhältnis zwischen Jesus und seinem Vater gesagt wird: Jesus verherrlicht seinen Vater. Im Gebet, das die Abschiedsreden abschließt, formuliert Jesus es so: *„Ich habe dich verherrlicht auf Erden und das Werk vollendet, das du mir gegeben hast, damit ich es tue."* (Joh.17,4). Damit ist klar: Wie Jesus seinen Vater verherrlicht bzw. verherrlicht hat, so wird der Beistand Jesus verherrlichen.

Wie wird er das tun? Jesus erklärt: *„denn von dem Meinen wird er's nehmen und euch verkündigen."* Der Beistand wird die Offenbarungen Jesu *„nehmen"* und sie der Gemeinde immer wieder neu *„verkündigen"*.

Das Verhältnis zwischen Jesus und dem Beistand ist ähnlich wie das Verhältnis zwischen Jesus und seinem Vater. Die Parallelen sind deutlich.

Abschließend geht Jesus nun auch direkt auf die Beziehung zwischen ihm und seinem Vater ein und erklärt, warum er gesagt hat: *„Er nimmt es von dem Meinen und wird es euch verkündigen.".* Als Grund dafür gibt er an: *„Alles, was der Vater hat, das ist mein."*

Der (Offenbarungs-)Besitz Jesu, von dem der Beistand nimmt, ist das, was der Vater hat bzw. was Jesus von seinem Vater hat. Warum betont Jesus das? Um zu zeigen, dass der Beistand nichts anderes als das Wort Gottes bzw. die Botschaft Jesu verkündigt.

Der Heilige Geist vervielfältigt, was Jesus sagt. Er bringt sein Wort zu uns und lässt uns darauf vertrauen, dass wir Gottes geliebte Kinder sind. Der Heilige Geist, der Beistand, wirkt seit Pfingsten und bringt uns auch heute weiter. Er lässt uns hoffen, Mut fassen und glauben. Wir dürfen danken, dass er weht, *„wo er will"* (Joh.3,8). Er tut es auch bei uns.

3.9   Exkurs: Der dreieine Gott

Die Heilige Schrift sagt:
* Es gibt *„nur einen Gott, den Vater, von dem alle Dinge sind"* (1.Kor.8,6).

- Jesus kommt von Gott und ist selbst Gott (1.1; 3.3).
- Der Heilige Geist ist – neben Jesus – ein *„anderer Tröster"* und ist uns von Gott, dem Vater beziehungsweise von Jesus Christus gesandt – als dessen „Stellvertreter" (3.8).

Was bedeutet das für das christliche Gottesverständnis?

Die Trinitätslehre

Christen glauben an einen dreieinen Gott. Lehrmäßig wurde dies erst im vierten Jahrhundert n. Chr. ausformuliert – weil es damals nötig war, das christliche Gottesverständnis gegen andere Auffassungen zu verteidigen.

Der Mönch Arius (256-336) stellte in Frage, dass uns in Jesus Christus Gott selbst begegnet. Er behauptete, Christus sei nicht aus dem Vater selbst hervorgegangen, sondern ein Geschöpf Gottes. Gott habe ihn aus dem Nichts geschaffen – so wie die übrige himmlische und irdische Welt. Man könne ihn zwar „Gott" nennen, aber von seinem Wesen her sei er eigentlich nicht Gott, sondern nur von Gott gemacht.

Wenn das stimmen würde, hätte Gott sich in Jesus Christus nicht selbst offenbart und sich in seinem Leben und Sterben nicht höchstpersönlich für uns eingesetzt. Deshalb stand hier viel auf dem Spiel.

Auf dem Konzil von Nizea (325 n.Chr.) wurden die Lehren des Arius verurteilt. In einem 381 nach Christus formulierten Glaubensbekenntnis, dem „Nicäno-Konstantinopolitanum", hat man dann auch positiv formuliert, wie Christen an Gott, den Vater, den Sohn und den Heiligen Geist glauben:

> Ich glaube an den Einen Gott,
> den Vater, den Allmächtigen,
> Schöpfer Himmels und der Erden,
> aller sichtbaren und unsichtbaren Dinge.
> Und an den Einen Herrn Jesus Christus,
> Gottes einziggeborenen Sohn.
> Er ist aus dem Vater geboren vor aller Zeit
> Gott von Gott, Licht vom Licht
> wahrer Gott vom wahren Gott

gezeugt, nicht geschaffen
wesenseins mit dem Vater …
Und an den Heiligen Geist,
den Herrn und Lebensspender,
der vom Vater und vom Sohn ausgeht.
Er wird mit dem Vater und dem Sohn
zugleich angebetet und verherrlicht …

Was wird hier über Jesus Christus gesagt? Dass er kein Geschöpf Gottes, sondern „Gott von Gott" ist, seinen Ursprung in Gott hat und eines Wesens mit ihm ist. Und auch der Heilige Geist ist Gott – und wird als solcher angebetet.

Dass Christen an den Vater, den Sohn und an den Heiligen Geist glauben, heißt natürlich nicht, dass Christen an drei Götter glauben (Tritheismus: Drei-Götter-Glaube). Es geht auch nicht um einen Gott, der sich abwechselnd mal als Vater, dann als Sohn und schließlich als Heiliger Geist zeigt (Modalismus).

Wie aber ist es zu verstehen, dass Christen einerseits an einen Gott glauben und andererseits an den Vater, den Sohn und an den Heiligen Geist? An dieser Stelle kommt der Begriff der „Dreieinigkeit" ins Spiel. Dieser Begriff meint: es gibt einen Gott, der gleichzeitig (!) in drei unterschiedlichen Ausprägungen existiert, die untrennbar miteinander verbunden sind.

Die Lehre von Gottes Dreieinigkeit ist immer wieder kritisiert worden – oft mit dem Hinweis, dass sie dem „gesunden Menschenverstand" widerspricht. „Kritiker haben immer wieder gemeint, dies müsse auf die absurde Gleichung 3 = 1 und 1 = 3 hinauslaufen, der Glaube der Christen enthielte also in seinem Zentrum einen logischen Widerspruch. Doch so verständlich der Zweifel an der theologischen Logik ist, so unberechtigt ist er auch. Wir können das an einem simplen Beispiel zeigen: Jedermann weiß ja, dass das Eis eines Eisberges etwas anderes ist als der Dampf über einem Kochtopf. Und der Dampf, der Wolken bildet, ist wiederum etwas anderes als Flusswasser. Das Eis trägt, das Flusswasser nicht. Der Nebel schwebt, das Flusswasser fließt. Das Flusswasser ist durchsichtig, der Eisberg nicht. Jedes Kind kann diese drei Dinge unterscheiden. Und doch wissen wir: Es ist alles Wasser. Die chemische Zusammensetzung des Eises ist dieselbe wie die des Dampfes und des Flusswassers. Es ist immer H_2O. Die drei Dinge sind verschieden und sind doch in ihrem Wesen ganz eins. Ist daran nun irgendetwas ‚unlogisch‘ oder ‚widersprüchlich‘?

Für die Trinitätslehre gilt dasselbe: Der Vater ist etwas anderes als der Sohn, und der Sohn ist etwas anderes als der Heilige Geist. Die drei ‚Personen‘ des dreieinigen Gottes wirken auf unterschiedliche Weise an unterschiedlichen Orten zu unterschiedlichen Zeiten. Und obwohl wir diese Unterschiede sehen, wissen wir doch: Es ist jedes Mal Gott. Das Wesen des Vaters ist auch das Wesen des Sohnes und des Heiligen Geistes – sie sind eins.“[1]

Wir befinden uns hier sicher an der Grenze dessen, was wir mit unserer Logik und unserer Sprache erfassen können. Das sollte uns aber nicht überraschen. Schließlich geht es hier nicht um innerweltliche Fragen, sondern um das Wesen Gottes. Auch wenn die Begriffe und Formulierungen der Lehre vom dreieinen Gott für uns schwer nachzuvollziehen sind – es handelt sich nicht um wilde Spekulationen. Sie versuchen, dem biblischen Befund gerecht zu werden, dass wir in Jesus Christus und dem Heiligen Geist jeweils Gott selbst begegnen und es dabei natürlich nicht um drei Götter, sondern um den einen Gott geht.

Der Heilige Geist als „Person“

Im Hinblick auf den Heiligen Geist wurde – und wird – außerdem die Frage gestellt, ob es sich dabei um eine Person oder um eine Kraft handelt. Das Wort „Person“ hat bei einigen Christen Vorstellungen ausgelöst, die ihrer Meinung nach nicht zum Heiligen Geist passen. Deshalb meinten sie, der Heilige Geist sei – anders als der Vater und der Sohn – keine Person, sondern eine göttliche Kraft.

Als die Christen im vierten Jahrhundert von Vater, Sohn und Heiligem Geist als „Personen“ sprachen, meinten sie damit nichts anderes als eine „Rolle“ oder eine „Erscheinungsweise“. Die Alternative „Person“ oder „Kraft“ fußt also auf einem Missverständnis. Gemeint ist schlicht folgendes: Dass der Heilige Geist, der „andere Tröster“, ebenso wie der Vater und der

---

[1] Thomas Gerlach, Evangelischer Glaube, Göttingen 2002, 82f.

Sohn, eine Ausprägung Gottes ist und daher jeder, den der Heilige Geist berührt, von Gott selbst persönlich berührt wird. Wir sind dreifach von Gott angesprochen – durch den Vater, durch den Sohn und den Heiligen Geist. In diesem Sinne schrieb der Apostel Paulus: *„Die Gnade unseres Herrn Jesus Christus und die Liebe Gottes und die Gemeinschaft des Heiligen Geistes sei mit euch allen!"* (2.Kor.13,13).

4 Als Christ leben

In Jesus Christus hat Gott alles für uns getan (Kapitel 3). Christen antworten darauf, indem sie sich Gott ganz zur Verfügung stellen.

4.1 Der Glaube

Die erste und grundlegende Antwort auf diese gute Nachricht, das Evangelium, ist der Glaube. Aber was ist eigentlich „der Glaube"? Und wie entsteht er?

Was heißt hier „glauben"?

In der Alltagssprache heißt „ich glaube" oft so viel wie „ich vermute, bin mir aber nicht ganz sicher". Das ist aber nicht das, was die Bibel meint, wenn sie vom Glauben spricht.

Hebräerbrief 11,1
Es ist aber der Glaube eine feste Zuversicht dessen, was man hofft, und ein Nicht-zweifeln an dem, was man nicht sieht.

Der Vers enthält zwei parallele Satzteile, die inhaltlich übereinstimmen, aber diesen Inhalt jeweils mit anderen Worten wiedergeben, damit wir besser verstehen können, was gemeint ist.

„... *feste Zuversicht*	... *dessen, was man hofft* ..."
„... *Nichtzweifeln* ...	... *an dem, was man nicht sieht* ..."

Es geht also einerseits um etwas, was „*man hofft*" bzw. was „*man nicht sieht*". Andererseits ist der Glaube mehr als eine Vermutung. Wo die Lutherbibel mit „*feste Zuversicht*" übersetzt, geht es eigentlich um eine „*feste Wirklichkeit*"; wo von „*Nichtzweifeln*" gesprochen wird, ist sogar ein „*Beweis*" gemeint. Glauben im Sinne von Hebräer 11,1 heißt also, fest zu dem zu stehen, was man hofft, und ganz und gar von Dingen überzeugt zu sein, die man nicht sieht. Glauben heißt, von Kopf bis Fuß auf Gottes Wahrheit eingestellt zu sein – auch wenn sie nicht mit Händen zu greifen ist.

Der Inhalt des Glaubens

Wenn die biblischen Schreiber auf den Glauben zu sprechen kommen, geht es nicht um den „Glauben an sich". Der Glaube richtet sich immer auf eine Sache oder eine Person. Er hat einen Inhalt. In einem Brief an seinen Schüler Timotheus schrieb Paulus dementsprechend:

2. Timotheusbrief 1,12
Aus diesem Grund leide ich dies alles; aber ich schäme mich dessen nicht; denn ich weiß, an wen ich glaube …

Paulus setzt sich für das Evangelium voll und ganz ein und nimmt viel dafür in Kauf. Warum? Er sagt: *„Denn ich weiß, an wen ich glaube …"*

Mit dem christlichen Glauben ist nicht einfach eine bestimmte Einstellung gemeint – etwa ein allgemeines Gottvertrauen. Beim christlichen Glauben dreht sich alles um den, an den geglaubt wird – um Jesus Christus. Christen sagen: *„Ich weiß, an wen ich glaube."* Der christliche Glaube ist Glaube an Jesus Christus.

Deshalb sollen sich Christen auch gar nicht so sehr mit ihrem Glauben „an sich" – bzw. ihrer eigenen Gläubigkeit – befassen. Sie sollen sich vielmehr für den interessieren, an den sie glauben – Jesus Christus.

Wie der Glaube entsteht

Wie aber entsteht dieser Glaube in uns? Indem wir uns das selbst einreden (Autosuggestion)? Oder dadurch, dass andere uns überreden? Paulus hat es im Römerbrief in zwei kurzen Sätzen zusammengefasst:

> **Römerbrief 10,17**
>
> *So kommt der Glaube aus der Predigt, das Predigen aber durch das Wort Christi.*

Wörtlich übersetzt muss es heißen, dass der Glaube *„aus dem Hören"* oder *„aus dem Gehörten"* kommt. Aufgrund seiner Wertschätzung für die Wortverkündigung im Gottesdienst hat Luther hier mit *„Predigt"* übersetzt – was nicht verkehrt ist, weil in der Predigt Gottes Wort gehört wird. Dass wir das Evangelium zu hören bekommen, geschieht nicht, weil irgendjemand das von sich aus zu seiner Sache erklärt; es geschieht im Auftrag Jesu Christi. Er selbst sorgt dafür, dass sein Wort gehört wird und – als Antwort darauf – seinem Wort geglaubt wird (vgl. 1.Kor.15,11b: *„... So predigen wir, und so habt ihr geglaubt.")*.

Der Glaube ist daher keine Leistung des Menschen, sondern etwas, was Gott bewirkt. Die Apostelgeschichte gibt eine Predigt des Apostels Petrus im Anschluss an ein Heilungswunder wieder. Dort heißt es:

> **Apostelgeschichte 3,16**
>
> *„Und durch den Glauben an seinen Namen hat sein Name diesen, den ihr seht und kennt, stark gemacht; und der Glaube, der durch ihn gewirkt ist, hat diesem die Gesundheit gegeben vor euer aller Augen."*

Der Glaube ist *„durch ihn [Jesus Christus] gewirkt"*. Ganz ähnlich heißt es im Epheserbrief (Eph.2,8): *„Denn aus Gnade seid ihr gerettet durch Glauben, und das nicht aus euch: Gottes Gabe ist es ..."* Der Glaube kommt nicht aus uns selbst; der Glaube ist eine Gabe Gottes, ein Geschenk.

Der Glaube ist zwar ein Akt des Menschen, aber nicht seine eigene Leistung. Wir können ihn nicht selbst hervorrufen. Durch sein Wort bewirkt Gott, dass wir ihm vertrauen. Wir können und dürfen uns den Glauben von Gott und durch Jesus Christus schenken lassen.

4.2 Die Taufe

Wer Christ ist wurde irgendwann in seinem Leben getauft. Was ist die Taufe? Und welche Bedeutung hat sie für das Leben des Christen?

Der Glaube und die Taufe

Die Taufe steht in einem unmittelbaren Zusammenhang mit dem Glauben.

Markusevangelium 16,15-16
(15) Und er sprach zu ihnen: Gehet hin in alle Welt und predigt das Evangelium aller Kreatur. (16) Wer da glaubt und getauft wird, der wird selig werden; wer aber nicht glaubt, der wird verdammt werden.

Jesus ruft seine Jünger dazu auf, *„das Evangelium aller Kreatur"* zu verkündigen. Klar ist, dass die Menschen ganz unterschiedlich darauf reagieren. Genau genommen gibt es aber nur zwei Möglichkeiten: Der Botschaft zu glauben oder ihr nicht zu glauben. Diesen beiden Möglichkeiten entsprechen zwei Folgen: *„selig werden"* oder *„verdammt werden"*.

Über diejenigen, die dem Evangelium glauben, wird nun gesagt, dass sie sich taufen lassen. Glaube und Taufe sind also zwei Reaktionen des Menschen auf das Evangelium, die untrennbar miteinander verbunden sind.

Die Taufe auf den Namen Jesu Christi

Wie es beim Glauben darauf ankommt, an wen wir glauben, kommt es bei der Taufe darauf an, auf wen wir uns taufen lassen. Der christliche Glaube ist Glaube an Jesus Christus, die christliche Taufe dementsprechend die Taufe *„auf den Namen Jesu Christi"*.

Apostelgeschichte 2,37-38
(37) Als sie aber das hörten, ging's ihnen durchs Herz, und sie sprachen zu Petrus und den andern Aposteln: Ihr Männer, liebe Brüder, was sollen wir tun? (38) Petrus sprach zu ihnen: Tut Buße, und jeder von euch lasse sich taufen auf den Namen Jesu Christi zur Vergebung eurer Sünden, so werdet ihr empfangen die Gabe des Heiligen Geistes.

Nach der Pfingstpredigt werden Petrus und die anderen Apostel von den Zuhörern gefragt: *„Ihr Männer, liebe Brüder, was sollen wir tun?"*. Petrus antwortet ihnen: *„Tut Buße und jeder von euch lasse sich taufen auf den Namen Jesu Christi zur Vergebung eurer Sünden ..."* (Apg.2,38).

„Buße" heißt so viel wie *„umdenken"* und *„umkehren"*. Dabei geht es hier vor allem um die Haltung gegenüber Jesus: ihn nicht länger abzulehnen und zu bekämpfen, sondern als *„Herrn"* und *„Christus"* anzuerkennen (Apg.2,36). Diese Umkehr ist mit der Taufe verbunden.

Die Taufe geschieht *„auf den Namen Jesu Christi"*. Dabei geht es nicht nur um eine *„Taufformel"*, die anlässlich der Taufe über dem Täufling gesprochen wird. Diese Formel hat einen Sinn. Bei der Taufe geht es um *„Eigentumsfragen"*. Alles, worüber der Name Gottes gesprochen wird, gehört Gott (vgl. 5.Mos.28,10; Jes.43,7). Wenn also jemand *„auf den Namen Jesu Christi"* getauft wird, bedeutet dies, dass er in das Eigentum Jesu Christi übergeben wird.

Die Taufe und Tod und Auferstehung Jesu Christi

Dass jemand aufgrund seiner Taufe zu Jesus Christus gehört, hängt mit dem Sinn der Taufhandlung zusammen.

Römerbrief 6,1-11
(1) Was wollen wir hierzu sagen? Sollen wir denn in der Sünde beharren, damit die Gnade umso mächtiger werde? (2) Das sei ferne! Wir sind doch der Sünde gestorben. Wie können wir noch in ihr leben? (3)Oder wisst ihr nicht, dass alle, die wir auf Christus Jesus getauft sind, die sind in seinen Tod getauft? (4) So sind wir ja mit ihm begraben durch die Taufe in den Tod, auf dass, wie Christus auferweckt ist von den Toten durch die Herrlichkeit des Vaters, so auch wir in einem neuen

> *Leben wandeln. (5) Denn wenn wir mit ihm zusammengewachsen sind, ihm gleich geworden in seinem Tod, so werden wir ihm auch in der Auferstehung gleich sein. (6) Wir wissen ja, dass unser alter Mensch mit ihm gekreuzigt ist, damit der Leib der Sünde vernichtet werde, sodass wir hinfort der Sünde nicht dienen. (7) Denn wer gestorben ist, der ist frei geworden von der Sünde. (8) Sind wir aber mit Christus gestorben, so glauben wir, dass wir auch mit ihm leben werden, (9) und wissen, dass Christus, von den Toten erweckt, hinfort nicht stirbt; der Tod wird hinfort nicht über ihn herrschen. (10) Denn was er gestorben ist, das ist er der Sünde gestorben ein für alle Mal; was er aber lebt, das lebt er Gott. (11) So auch ihr: Haltet euch für Menschen, die der Sünde gestorben sind und für Gott leben in Christus Jesus.*

In seinem Brief an die Gemeinde in Rom gibt Paulus einen Überblick über den Inhalt seiner Verkündigung. Dabei ist viel von Gnade die Rede. Er weiß, dass manche Christen an dieser Stelle die Stirn runzeln, weil sie befürchten, dass dadurch „moralische Laxheit" gefördert wird. Deshalb geht Paulus auf diesen Einwand ein. Dabei kommt er auf die Taufe zu sprechen.

Die Christen in Rom sind selbstverständlich alle getauft. Und das heißt doch: Sie sind „*in Jesus Christus hinein getauft*" (so V. 3a wörtlich). Paulus kann davon ausgehen, dass die Christen in Rom das wissen. Nicht ganz so sicher ist er aber, ob ihnen bewusst ist, dass sie damit „*in seinen Tod hineingetauft worden sind*" (so V. 3b wörtlich).

Das ist aber entscheidend für die dann folgende Einsicht. Paulus sagt: Wenn wir „*in seinen Tod hineingetauft*" wurden, sind wir „*mitbegraben [im Grundtext ein Wort!] mit ihm durch die Taufe in den Tod hinein*" (V. 4a). Wir sind „*mitgekreuzigt*" (V. 6a) beziehungsweise „*mit Christus gestorben*" (V. 8a).

Das ist aber noch nicht alles. Wie Jesus nicht nur gestorben, sondern auch auferstanden ist, geht es in der Taufe nicht nur darum, dass wir mit ihm sterben, sondern auch darum, mit ihm von den Toten aufzuerstehen. „*Denn wenn wir mit ihm zusammengewachsen sind, ihm gleich geworden in seinem Tod, so werden wir ihm auch in der Auferstehung gleich sein.*"

Auf dieses Zweite kommt es Paulus in diesem Zusammenhang besonders an: das Leben des Christen wird von der Auferstehung Jesu Christi bestimmt. Deshalb ist der Vorwurf, dass sein Evangelium „moralische Laxheit" fördert, völlig abwegig: „*Wir sind doch der Sünde gestorben. Wie können wir noch in ihr leben?*" (V. 2). Weil der Christ durch die Taufe „*der Sünde gestorben*" ist und an Jesu Auferstehung Anteil hat, gilt vielmehr: „*... was er aber lebt, das lebt er Gott*" (V. 10b). Christen sind Menschen, „*die der Sünde gestorben sind und für Gott leben in Christus Jesus*" (V. 11b).

Das zeigt auch die Taufhandlung. Von der Wortbedeutung her heißt „Taufen" so viel wie „untertauchen". So wird die Taufe auch durchgeführt: Der Täufling wird untergetaucht – und taucht anschließend wieder auf. Das Untertauchen ist das Sterben mit Christus und das Auftauchen die Auferstehung zu einem neuen Leben bzw. Lebenswandel.

Was also ist die Taufe? Jesus Christus ist für uns gestorben und von den Toten auferstanden. Wer getauft ist, ist mit Tod und Auferstehung Jesu Christi verbunden. Deshalb gehören der Glaube an Jesus, der für uns gestorben und auferstanden ist, und die Taufe zusammen. Die Taufe ist der erste Schritt des Glaubens.

Fragen zur Taufe

Auf der Grundlage der neutestamentlichen Aussagen können auch die folgenden Fragen beantwortet werden, die im Zusammenhang mit der Taufe oft gestellt werden:

1.   Ist die Taufe heilsnotwendig?

Richtig ist: Unser Heil liegt allein in Jesus Christus – darin, dass er für uns gestorben und auferstanden ist. Die Taufe ist aber kein überflüssiges Beiwerk. In ihr haben wir Anteil an Tod und Auferstehung Jesu Christi. Was kann es Wichtigeres geben? Der Apostel Petrus spricht sogar von „*der Taufe, die jetzt auch euch rettet*" (1.Pt.3,21).

Damit ist die Frage eigentlich beantwortet. Sie provoziert aber auch zu einer Gegenfrage – zur Frage, warum diese Frage eigentlich gestellt wird. Steckt dahinter die Idee, lediglich das tun zu wollen, was unbedingt nötig ist, um das ewige Leben zu erlangen?

In diesem Zusammenhang werden manchmal auch Grenzfälle konstruiert (z.B. „Was ist mit jemandem, der sich taufen lassen möchte, aber daran gehindert wird und vor seiner Taufe stirbt? Ist er dann verloren?"). Sie sollen helfen, die Taufhandlung als nicht entscheidend herauszustellen. Aber warum gibt man sich solche Mühe – anstatt das Angebot der Taufe einfach anzunehmen?

2. Ist der Glaube nicht viel wichtiger als die Taufe?

Wer nicht an Jesus Christus glaubt und sich trotzdem – aus welchem Grund auch immer – taufen lässt, hat nur „mit großem Aufwand gebadet". Aber es ist nicht sinnvoll, Glaube und Taufe voneinander zu trennen – und dann auf die Taufe zu verzichten. Christlicher Glaube ist Glaube an Jesus Christus, der für uns gestorben und auferstanden ist. In der Taufe haben wir daran Anteil.

Die erste Taufe in der Geschichte der christlichen Kirche – sie fand zu Pfingsten statt – war jedenfalls die logische Folge dessen, dass die Zuhörer durch die Predigt des Apostels Petrus zum Glauben an Jesus Christus kamen (Apg.2,37-38).

3. Wer soll/kann sich taufen lassen?

Jeder, der an Jesus Christus glaubt (Apg.2,37-38). Die Voraussetzung dafür ist natürlich die Mündigkeit des Täuflings. Er soll verstehen, was in der Taufe geschieht, und dem zustimmen.

Der erste Beleg für die Praxis der Kindertaufe findet sich bei dem Kirchenvater Tertullian (160-220 n.Chr.) – und zwar in seiner Stellungnahme gegen die Taufe von Kindern! Später wurde die Kindertaufe vor allem damit begründet, dass man die Erbsünde abwaschen müsse (Augustinus).

## 4.	Was ist mit den ungetauften Kindern?

Diese Frage wurde im ersten Jahrhundert der Christenheit, in der das Neue Testament geschrieben wurde, nicht diskutiert. Daher gibt es dazu dort auch keine Aussage.

Möglicherweise kann hier aber ein Jesus-Wort helfen, das von der besonderen Fürsorge Gottes für die Kinder spricht: *„Seht zu, dass ihr nicht einen von diesen Kleinen verachtet. Denn ich sage euch: Ihre Engel im Himmel sehen allezeit das Angesicht meines Vaters im Himmel"* (Mt.18,10).

## 5.	Wann soll man sich taufen lassen?

Für alle, die verstanden haben, dass Jesus Christus für uns gestorben und auferstanden ist und daran glauben, gibt es – wie beim Finanzminister aus Äthiopien – eigentlich nur eine Frage: *„Siehe, da ist Wasser; was hindert's, dass ich mich taufen lasse?"* (Apg.8,36).

„Ich bin getauft!" Martin Luther soll diese Worte mit Kreide auf einen Tisch geschrieben haben, als er – was immer wieder vorkam– an seinem Glauben zweifelte und an dem, wofür er sich Tag und Nacht einsetzte. Er konnte auch sagen, dass man jeden Tag in die Taufe „hineinkriechen" soll.

Christen glauben, dass Jesus Christus für sie gestorben und auferstanden ist. Das steht fest. Genauso glauben sie, dass sie in der Taufe mit ihm gestorben und auferstanden sind und Gott gehören. Auch das steht fest. Das gilt auch dann, wenn Christen an sich selbst zweifeln. Sie können ihren Zweifeln etwas entgegenhalten – die drei Worte Martin Luthers: „Ich bin getauft."

4.3   Das Abendmahl

Im Abendmahl erhalten wir – wie bei der Taufe (4.2) – Anteil an dem, was Jesus Christus am Kreuz für uns getan hat. Während die Taufe am Anfang steht und etwas Einmaliges ist, ist das Abendmahl „etwas für unterwegs".

Die Einsetzung des Abendmahls

1. Korintherbrief 11,23-26
(23) Denn ich habe von dem Herrn empfangen, was ich euch weitergegeben habe: Der Herr Jesus, in der Nacht, da er verraten ward, nahm er das Brot, (24) dankte und brach's und sprach: Das ist mein Leib für euch; das tut zu meinem Gedächtnis. (25) Desgleichen nahm er auch den Kelch nach dem Mahl und sprach: Dieser Kelch ist der neue Bund in meinem Blut; das tut, sooft ihr daraus trinkt, zu meinem Gedächtnis. (26) Denn sooft ihr von diesem Brot esst und von dem Kelch trinkt, verkündigt ihr den Tod des Herrn, bis er kommt.

Paulus hat an seine Gemeinde weitergegeben, was er *„von dem Herrn empfangen"* hat: Dass Jesus *„in der Nacht, da er verraten ward"* das Brot nahm und – der jüdischen Mahlsitte entsprechend – dafür *„dankte"* und es *„brach"* (Der Gastgeber zerteilt den Brotfladen, gibt die Stücke weiter, behält das letzte Stück für sich und gibt mit seinem Essen das Startzeichen für den Beginn der Mahlzeit).

Entscheidend aber sind die kommentierenden Worte Jesu. Als er das Brot nahm, hat er seinen Jüngern erklärt: *„Das ist mein Leib für euch ...".* Mit dem *„für euch"* erklärt Jesus seinen Tod als stellvertretende Hingabe zugunsten der Menschen (vgl. 2.Kor.5,21: *„Denn er hat den, der von keiner Sünde wusste, für uns zur Sünde gemacht, auf dass wir in ihm die Gerechtigkeit würden, die vor Gott gilt.").*

Außerdem hat Jesus *„den Kelch nach dem Mahl"* genommen. Dabei handelte es sich um den dritten Becher des Passahmahls, der am Schluss der Hauptmahlzeit gereicht und über dem die Danksagung gesprochen wurde. Auch diesen Kelch hat Jesus neu gedeutet. Er erklärte: *„Dieser Kelch ist der neue Bund*

in meinem Blut ..." In der Bibel ist ein *„Bund"* eine Art Vertrag. Hier ist gemeint: Gott hat uns durch seinen Tod am Kreuz „vertraglich zugesagt", dass
er zu uns steht und uns treu ist.

Als Jesus kurz vor seinem Tod mit seinen Jüngern dieses Mahl gefeiert hat,
hat er sie dazu aufgefordert, dieses Mahl immer wieder zu feiern – und zwar
zu seinem *„Gedächtnis".* Damit ist nicht eine historische Gedenkfeier, sondern
ein vergegenwärtigendes Erinnern gemeint, durch das der *„Tod des Herrn"*
immer wieder neu *„verkündigt"* wird.

Was geschieht beim Abendmahl?

Auch dazu nimmt Paulus in seinem Brief an die Gemeinde Korinth Stellung
– im Zusammenhang mit einer Warnung vor der Teilnahme an (heidnischen)
Götzenopfermahlen.

1. Korintherbrief 10,14-21
(14) Darum, meine Lieben, flieht den Götzendienst! (15) Ich rede doch zu verstän-digen Menschen; beurteilt ihr, was ich sage. (16) Der Kelch des Segens, den wir segnen, ist der nicht die Gemeinschaft des Blutes Christi? Das Brot, das wir bre-chen, ist das nicht die Gemeinschaft des Leibes Christi? (17) Denn ein Brot ist's. So sind wir, die vielen, ein Leib, weil wir alle an einem Brot teilhaben. (18) Seht an das Israel nach dem Fleisch! Welche die Opfer essen, stehen die nicht in der Ge-meinschaft des Altars? (19) Was will ich nun damit sagen? Dass das Götzenopfer etwas sei? Oder dass der Götze etwas sei? (20) Nein, sondern was man da opfert, das opfert man den Dämonen und nicht Gott. Ich will aber nicht, dass ihr mit den Dämonen Gemeinschaft habt. (21) Ihr könnt nicht zugleich den Kelch des Herrn trinken und den Kelch der Dämonen; ihr könnt nicht zugleich am Tisch des Herrn teilhaben und am Tisch der Dämonen.

Die entscheidende Aussage steht in Vers 16: Wenn wir aus dem Kelch trinken
und das Brot essen, haben wir *„Gemeinschaft des Blutes Christi"* und *„des Leibes
Christi".* Was aber heißt das?

Der Vers steht in einem Abschnitt, in dem Paulus vor Götzendienst bzw.
Götzenopfern warnt. Die Christen in Korinth sollen damit nichts zu schaffen

haben. Warum nicht? Weil sie dann *„in der Gemeinschaft der bösen Geister"* sind (V. 20). Weil sie dann mit den Dämonen verbunden sind und zu ihnen gehören. Und das geht nicht. Paulus sagt: *„Nun will ich nicht, dass ihr in der Gemeinschaft der bösen Geister seid."* (V. 20). Schließlich kann man nicht auf zwei Hochzeiten tanzen: *„Ihr könnt nicht zugleich den Kelch des Herrn trinken und den Kelch der bösen Geister; ihr könnt nicht zugleich am Tisch des Herrn teilhaben und am Tisch der bösen Geister."* (V. 21). Gemeinschaft, Teilhaben, mit jemandem verbunden sein – entweder mit Christus oder mit den bösen Geistern.

Beim Abendmahl geht es also um Gemeinschaft und Teilhabe. Abendmahl ist mehr als ein andächtiges Nachdenken über den Tod Jesu oder eine Erinnerung an ihn. Beim Abendmahl haben wir Gemeinschaft mit ihm – und zwar durch Brot und Wein.

Darüber, wie das zu verstehen ist, sind die Meinungen unter Christen geteilt – und zwar so sehr, dass man nicht in der Lage ist, gemeinsam Abendmahl zu feiern.

- Katholische Christen sind der Auffassung, dass Brot und Wein im Abendmahl in Leib und Blut Jesu Christi „verwandelt" und dann Gott als eine Art Opfer dargebracht werden.
- Lutheraner lehnen die Idee einer Wandlung und eines Opfers ab, betonen aber, dass in Brot und Wein der wahre Leib und das wahre Blut Christi wirklich gegenwärtig sind („Realpräsenz").
- Reformierte Christen verstehen Brot und Wein als Symbol für Leib und Blut Jesu Christi. Aber bereits Johannes Calvin (1509-1564) fügte ergänzend hinzu, dass Christus beim Abendmahl „im Geist" anwesend ist.

Am sinnvollsten ist es, sich eng an die Aussagen der Heiligen Schrift zu halten und sie einfach zu wiederholen – auch wenn wir wissen, dass sie unterschiedlich interpretiert werden. Auf der Grundlage von 1. Korinther 10,16 können wir folgendes sagen: „Realistisch" betrachtet sind Brot und Wein nichts anderes als Brot und Wein. Aber trotzdem haben wir durch diese beiden Zeichen Anteil an dem, was hinter Brot und Wein steht – und das ist der stellvertretende Tod Jesu Christi. Wir haben Anteil an dem, was er am Kreuz für uns getan hat.

Im Abendmahl feiern wir, dass Gott sich in Jesus Christus ganz an uns verschenkt hat. Wir erfahren seine Liebe und Hingabe. Wir erleben die Gnade

Gottes und lassen sie in uns hineinströmen. Christus stillt unseren Hunger und löscht unseren Durst.

Die Fußwaschung

Während die ersten drei Evangelien von der Einsetzung des Abendmahls berichten (Mt.26,17-30; Mk.14,12-26; Lk.22,7-23), fehlt im Johannesevangelium ein entsprechender Bericht. Aber es berichtet davon, dass Jesus seinen Jüngern kurz vor seinem Tod bei einem Abendessen die Füße gewaschen hat.

Johannesevangelium 13,1-17
(1) Vor dem Passafest aber erkannte Jesus, dass seine Stunde gekommen war, dass er aus dieser Welt ginge zum Vater. Wie er die Seinen geliebt hatte, die in der Welt waren, so liebte er sie bis ans Ende. (2) Und nach dem Abendessen - als schon der Teufel dem Judas, dem Sohn des Simon Iskariot, ins Herz gegeben hatte, dass er ihn verriete; (3) Jesus aber wusste, dass ihm der Vater alles in seine Hände gegeben hatte und dass er von Gott gekommen war und zu Gott ging – (4) da stand er vom Mahl auf, legte seine Kleider ab und nahm einen Schurz und umgürtete sich. (5) Danach goss er Wasser in ein Becken, fing an, den Jüngern die Füße zu waschen und zu trocknen mit dem Schurz, mit dem er umgürtet war.
(6) Da kam er zu Simon Petrus; der sprach zu ihm: Herr, du wäschst mir die Füße? (7) Jesus antwortete und sprach zu ihm: Was ich tue, das verstehst du jetzt nicht; du wirst es aber hernach erfahren. (8) Da sprach Petrus zu ihm: Nimmermehr sollst du mir die Füße waschen! Jesus antwortete ihm: Wenn ich dich nicht wasche, so hast du kein Teil an mir. (9) Spricht zu ihm Simon Petrus: Herr, nicht die Füße allein, sondern auch die Hände und das Haupt! (10) Spricht Jesus zu ihm: Wer gewaschen ist, bedarf nichts, als dass ihm die Füße gewaschen werden; er ist vielmehr ganz rein. Und ihr seid rein, aber nicht alle. (11) Denn er wusste, wer ihn verraten würde; darum sprach er: Ihr seid nicht alle rein.
(12) Als er nun ihre Füße gewaschen hatte, nahm er seine Kleider und setzte sich wieder nieder und sprach zu ihnen: Wisst ihr, was ich euch getan habe? (13) Ihr nennt mich Meister und Herr und sagt es mit Recht, denn ich bin's auch. (14) Wenn nun ich, euer Herr und Meister, euch die Füße gewaschen habe, so sollt auch ihr euch untereinander die Füße waschen. (15) Denn ein Beispiel habe ich euch gegeben, damit ihr tut, wie ich euch getan habe. (16) Wahrlich, wahrlich, ich sage

> *euch: Der Knecht ist nicht größer als sein Herr und der Gesandte nicht größer als der, der ihn gesandt hat. (17) Wenn ihr dies wisst - selig seid ihr, wenn ihr's tut."*

Jesus weiß, dass seine *„Stunde"* gekommen ist - die Stunde seines Todes. Er weiß allerdings auch, dass seine „letzte Stunde" gleichzeitig die Stunde ist, in der er *„aus dieser Welt ... zum Vater"* geht. Am Kreuz wird er seinen Auftrag vollenden und zu seinem Vater zurückkehren, der ihn gesandt hat.

Der Abend hat ein Motto, zumindest für Jesus: Es lautet: *„Wie er die Seinen geliebt hatte, die in der Welt waren, so liebte er sie bis ans Ende."* Es geht um seine Liebe zu seinen Jüngern, die - im Unterschied zu ihm, der *„aus dieser Welt ... zum Vater"* geht - *„in dieser Welt sind"*. Diese Liebe geht *„bis ans Ende"* - bis zum Kreuz, wo Jesus mit den Worten *„es ist vollbracht [vollendet]"* stirbt (19,30). Thema des Abends ist also die Liebe Jesu zu den *„Seinen"*, die bis zum Tod am Kreuz geht und sich dort vollendet.

Diese Liebe Jesu zu seinen Jüngern zeigt sich in einem Ereignis *„nach dem Abendessen"* - in der Fußwaschung. Die Fußwaschung gehört damals zum Alltag und findet zur Vorbereitung auf ein Bankett statt. Sie ist eine Geste der Gastfreundschaft und des Willkommens und dient zugleich zur Reinigung bzw. zur Hygiene. Sie wird i.d.R. von Sklaven ausgeführt, manchmal aber auch von Personen, die nicht dazu verpflichtet sind. Dann zeigen sie den Menschen, denen sie die Füße waschen, ihre Liebe und Zuneigung.

Was will Jesus damit sagen? Das wird zunächst in einem Dialog mit Petrus deutlich. Der kritisiert Jesus dafür, dass er diesen Sklavendienst an ihm verrichten will: *„Herr, du wäschst mir die Füße?* Aber anstatt ihn von der Richtigkeit seiner Handlung zu überzeugen, erklärt Jesus ihm: *„Was ich tue, das verstehst du jetzt nicht; du wirst es aber hernach erfahren."* Jesus meint - wie an anderer Stelle (2,22; 12,16; 14,29) - dass Petrus und die anderen Jünger erst nach Ostern verstehen können, was gemeint ist.

Aber Petrus lässt sich damit nicht abspeisen: *„Nimmermehr sollst du mir die Füße waschen!"* Dann aber weist Jesus ihn auf die Konsequenzen seiner Weigerung hin: *„Wenn ich dich nicht wasche, so hast du kein Teil an mir."* Das Wort, das hier mit *„Teil"* übersetzt wird, bedeutet Anteil an einer Beute, einem Gewinn, einem Erbe oder einem Landbesitz. In den Reden, die Jesus im weiteren Verlauf des Abends hält, spricht er davon, dass seine Jünger einmal dort sein werden, wo er ist (14,3; 17,24), dass auch sie in das ewige Leben eingehen (14,19). Das alles setzt Petrus aufs Spiel, wenn er es sich nicht gefallen lässt, dass Jesus ihm die Füße wäscht.

Petrus hört den (Warn)Schuss – und zieht daraus folgende Konsequenz: *„Herr, nicht die Füße allein, sondern auch die Hände und das Haupt!"* Warum will er das? Vermutlich denkt er an rituelle Waschungen, bei denen nicht nur die Füße gewaschen werden.

Jesus muss ihm erklären, dass das nicht nötig ist – weil er *„ganz rein"* ist. Hier gilt „pars pro toto", ein Teil für das Ganze. Wenn Jesus ihm die Füße wäscht, hat er damit alles empfangen. Dann hat er sich von Jesus beschenken lassen – dann hat er sich seine Liebe gefallen lassen, die sich am Kreuz vollendet. Die Fußwaschung ist Symbol des Todes Jesu am Kreuz. Deshalb macht sie die Jünger *„ganz rein"*. Der Dienst Jesu schenkt ihnen Vergebung der Sünden.[1]

Nachdem Jesus seinen Jüngern die Füße gewaschen hat, gibt Jesus eine zweite Deutung der Fußwaschung. Sie knüpft nicht an den Dialog mit Petrus an. Jesus stellt eine rhetorische Frage: *„Wisst ihr, was ich euch getan habe?"* Dann folgt seine Erklärung.

Jesus erinnert seine Jünger daran, dass sie ihn zu Recht mit *„Meister"* (Lehrer) und *„Herr"* anreden – weil er das auch ist. Dann zieht er daraus eine Schlussfolgerung nach dem Grundsatz „a maiore ad minus" (vom Größeren auf das Kleinere): *„Wenn nun ich, euer Herr und Meister, euch die Füße gewaschen habe, so sollt auch ihr euch untereinander die Füße waschen."* Er bekräftigt diesen Aufruf mit dem Hinweis, dass er ihnen mit der Fußwaschung ein Beispiel gegeben hat, dem sie folgen sollen: *„Denn ein Beispiel habe ich euch gegeben, damit ihr tut, wie ich euch getan habe."*

---

[1] In den meisten Bibelübersetzungen heißt es: *„Wer gewaschen ist, bedarf nichts, als dass ihm die Füße gewaschen werden ..."* In einigen wichtigen Handschriften aber fehlen die Worte *„als dass ihm die Füße gewaschen werden"*. Dann lautet der entscheidende Satz: *„Wer gebadet ist, hat nicht nötig, sich zu waschen, sondern ist ganz rein."* Die Mehrheit der Bibelwissenschaftler ist überzeugt, dass diese Kurzfassung die ursprüngliche Version ist.

Es folgt eine weitere Begründung. In ihr weist Jesus auf die „Rangordnung" in der Gemeinde hin. Er leitet sie mit der Offenbarungsformel *„wahrlich, wahrlich, ich sage euch"* ein und sagt: *„Der Knecht ist nicht größer als sein Herr und der Gesandte nicht größer als der, der ihn gesandt hat."* Der „Herr" ist natürlich Jesus selbst (13,13f.) und ein Jünger Jesu dementsprechend sein „Knecht". Der erste Teil des Satzes sagt also aus, dass die Jünger nicht über Jesus stehen – und deshalb seinem Beispiel folgen sollen. Im zweiten Teil des Satzes wird diese Aussage in anderen Worten wiederholt. Jesus sendet seine Jünger; als seine Gesandten stehen sie nicht über ihm; sie sind vielmehr verpflichtet, ihn nachzuahmen.

Jesus beendet seine Erklärung mit einer Seligpreisung: *„Wenn ihr dies wisst - selig seid ihr, wenn ihr's tut."* Diese Seligpreisung will zeigen, dass es nicht ausreicht, um diese „Rangordnung" zu wissen – selig ist derjenige, der dementsprechend handelt und dem Beispiel Jesu folgt.

Was also bedeutet es, dass Jesus seinen Jüngern die Füße gewaschen hat? Dass Jesus seinen Jüngern die Füße gewaschen hat, hat gleich zwei Bedeutungen. Die erste zeigt sich im Gespräch mit Petrus; die zweite in seiner kurzen Ansprache nach der Fußwaschung. Zunächst geht es um den Indikativ – dann um den Imperativ. Zunächst geht es um das, was Jesus am Kreuz für uns getan hat – dann um die Auswirkungen seines Dienstes für uns, also den Dienst untereinander in der Gemeinschaft der Nachfolger Jesu. Die Fußwaschung ist eine Verkörperung der dienenden und hingebungsvollen Liebe Jesu, die sich am Kreuz vollendet, und ein Vorbild des gegenseitigen Dienens unter den Nachfolgern Jesu – nach dem Motto: „Wie Gott mir, so ich dir."

4.4 Die Bibel – das Wort Gottes

Welche Bedeutung hat die Bibel für das Leben des Christen? Die Bibel ist zunächst einfach ein Buch – schon deshalb, weil das Wort „Bibel" vom griechischen Wort „Biblos" kommt und mit „Buch" zu übersetzen ist. Klar ist damit auch, dass Christen nicht „an die Bibel glauben". Schließlich kann man nicht an ein Buch glauben, sondern nur daran, was in diesem Buch steht. Dennoch ist die Bibel für Christen ein ganz besonderes Buch.

Die Bedeutung der Bibel

Welchen Wert sie für Christen hat, zeigt sich vor allem dort, wo sich die Verfasser der biblischen Schriften selbst dazu äußern, aus welchem Grund sie zur Feder gegriffen haben.

Lukasevangelium 1,1-4

(1) Da es nun schon viele unternommen haben, Bericht zu geben von den Geschichten, die sich unter uns erfüllt haben, (2) wie uns das überliefert haben, die es von Anfang an selbst gesehen haben und Diener des Wortes gewesen sind, (3) habe auch ich's für gut gehalten, nachdem ich alles von Anfang an sorgfältig erkundet habe, es für dich, hochgeehrter Theophilus, in guter Ordnung aufzuschreiben, (4) auf dass du den sicheren Grund der Lehre erfährst, in der du unterrichtet bist.

Lukas hat seinen Bericht, das Lukasevangelium, für einen Mann mit Namen Theophilus geschrieben. Dafür ist er allen Überlieferungen über Jesus Christus sorgfältig nachgegangen. Er hat Darstellungen des Lebens Jesu studiert, die aufgrund der Schilderungen von Augenzeugen entstanden sind – aber nicht nur, um einen weiteren Bericht zu schreiben, sondern damit Theophilus *„den sicheren Grund der Lehre"* erfährt, in der er *„unterrichtet"* wurde.

Es geht um Vergewisserung – die vermutlich vor allem deshalb wichtig ist, weil es in der Gemeinde Menschen gibt, die noch ganz andere Geschichten über Jesus erzählen und versuchen, Menschen auf ihre Seite zu ziehen (Apg.20,29-30). Das Lukasevangelium ist also geschrieben worden, um die ursprüngliche Jesus-Überlieferung der Apostel zu bewahren.

Auch für den Apostel Petrus war das ein wichtiges Anliegen.

---

2. Petrusbrief 1,12-15

(12) Darum will ich euch allezeit daran erinnern, obwohl ihr's wisst und gestärkt seid in der Wahrheit, die nun gegenwärtig ist. (13) Ich halte es aber für richtig, solange ich in dieser Hütte bin, euch zu wecken und zu erinnern; (14) denn ich weiß, dass meine Hütte bald abgebrochen wird, wie es mir auch unser Herr Jesus

> *Christus eröffnet hat. (15) Ich will aber allen Fleiß darauf verwenden, dass ihr dies allezeit nach meinem Hinscheiden im Gedächtnis behaltet.*

Solange Petrus unter den Lebenden weilt, will er die Gemeinde an die *„Wahrheit"*, die der Gemeinde natürlich bereits bekannt ist, erinnern. Deshalb schreibt er ihnen. Er will, dass diese Wahrheit der Gemeinde aber auch nach seinem *„Hinscheiden im Gedächtnis"* bleibt.

Zu Lebzeiten der Apostel konnten sich die Gemeinden mit ihren Fragen an sie wenden und erhielten von ihnen wichtige Unterweisung. Wie aber sollte es nach dem Tod der Apostel weitergehen? Sollten die Schüler der Apostel entscheiden – und dann deren Nachfolger? Petrus hat seinen Gemeinden geschrieben, damit sie sich auch nach seinem Tod an die Wahrheit, die er ihnen verkündigt hat, erinnern können. Deshalb wurden die Schriften der Apostel unter den Gemeinde herumgereicht (Kol.4,16) und schließlich zu einem Buch zusammengestellt.

Welche Bedeutung hat also die Bibel für den christlichen Glauben? Sie hilft Christen, auf dem richtigen Weg zu bleiben und sich immer wieder neu an der ursprünglichen Botschaft Jesu Christi zu orientieren.

Der Umgang mit der Bibel

> Kolosserbrief 3,16a
> *Lasst das Wort Christi reichlich unter euch wohnen: Lehrt und ermahnt einander in aller Weisheit …*

Was heißt das praktisch? Viele Christen nutzen die Losungen der Herrnhuter Brüdergemeine. Für jeden Tag ist ein Wort aus dem Alten Testament ausgelost und durch einen passenden Text aus dem Neuen Testament ergänzt worden. Ein Wort Gottes als Start in den Tag. Im Laufe des Tages erinnert man sich immer wieder an die Tageslosung. Sie wird dann vielleicht zu einem Motto, das über dem ganzen Tag steht. Jeder kann natürlich auch selbst auf die Suche nach einem „Wort für den Tag" gehen. Entscheidend ist, dass wir es auf uns wirken lassen.

Dietrich Bonhoeffer, der selbst oft zu den Losungen der Herrnhuter gegriffen hat, beschreibt das so: „Wir lesen in der Meditation den uns gegebenen Text auf die Verheißung hin, dass er uns ganz persönlich für den heutigen Tag, für unseren Christenstand oder für unser Leben etwas zu sagen habe … Wir setzen uns dem einzelnen Wort so lange aus, bis wir persönlich von ihm getroffen sind… Es ist kein leeres Warten, sondern ein Warten auf klare Verheißung hin. Oft sind wir so belastet und überhäuft mit anderen Gedanken und Bildern, Sorgen, dass es lange dauert, ehe Gottes Wort das alles beiseite geräumt hat und zu uns durchdringt. Aber es kommt gewiss, so gewiss Gott selbst zu den Menschen gekommen ist und wiederkommen will."[1]

Neben der persönlichen Meditation ist auch das Bibelstudium wichtig. Es dient dazu, die historische Bedeutung der biblischen Texte zu verstehen.
- Worum ging es damals, als die Texte geschrieben wurden?
- In welchem Zusammenhang stehen diese Worte?
- Und was war deshalb damals der springende Punkt?

Nach der historischen Bedeutung eines biblischen Textes zu fragen, ist nicht nur etwas für Historiker. Wer verstanden hat, worauf es damals ankam, wird auch entdecken, welche Bedeutung der Text für uns heute hat. Theologen sprechen hier vom „Sitz im Leben". Jeder Text hat einen historischen „Sitz im Leben". Die Worte wurden niedergeschrieben, weil sie dem Autor in seiner Situation wichtig geworden sind.

Weil die alten Worte ihrem Autor so wichtig waren, wäre es überheblich und töricht, sie heutzutage als unwichtig beiseite zu legen. Es lohnt sich zu fragen, was ihn in seiner Situation angesprochen hat. Und je mehr wir uns dabei in den alten Text und seinen „Sitz im Leben" hineinversetzen, desto wahrscheinlicher ist es, dass uns Parallelen zu unserer Zeit und zu unserer persönlichen Lebenssituation in den Sinn kommen – und wir entdecken, welchen Sitz er in unserem Leben hat.

Das ist natürlich mit gedanklichen Anstrengungen verbunden. Aber die Mühe lohnt sich. Und glücklicherweise gibt es dafür zahlreiche Hilfsmittel, die uns diese Arbeit erleichtern (Bibelkommentare, Lexika …). Eine wichtige Hilfe ist auch das gemeinsame Bibelstudium. Schließlich heißt es schon bei

---

[1] Dietrich Bonhoeffer, Gemeinsames Leben, München 1988[23], 70.

Paulus: *„Lasst das Wort Christi reichlich unter <u>euch</u> wohnen: Lehrt und ermahnt <u>einander</u> in aller Weisheit …"*

Zum Stichwort *„reichlich"* gibt es wohl keinen besseren Kommentar, als den Martin Luthers:

„Fürwahr, du kannst nicht zu viel in der Bibel lesen;
und was du liest, kannst du nicht gut genug lesen;
und was du liest, kannst du nicht gut genug verstehen.
Was du gut verstehst, kannst du nicht gut genug lehren;
Und was du gut lehrst, kannst du nicht gut genug leben.
Das heißt, wir sind immer am Lernen, am Wiederholen
und Üben dessen, was wir durch Gottes Wort erfahren."[1]

4.5   Das Leben des Christen – ein Leben für Jesus Christus

Christen richten ihr Leben am Wort Gottes aus, vor allem aber an Jesus Christus, der für uns gestorben und auferstanden ist.

2. Korintherbrief 5,15
Und er ist darum für alle gestorben, damit, die da leben, hinfort nicht sich selbst leben, sondern dem, der für sie gestorben ist und auferweckt wurde.

Mit der guten Nachricht, dass Christus für uns gestorben ist, sollten wir nicht so umgehen, dass wir seinen stellvertretenden Tod einfach dankend annehmen und anschließend genauso weiterleben wie bisher. Dass Jesus Christus für uns gestorben ist, macht es uns unmöglich, ein eigenmächtiges Leben zu führen.

Der Befreite gehört dem Befreier. Christen gehören dem, der für sie gestorben und auferstanden ist. Sie denken nicht an den eigenen Vorteil, sondern daran, welches Verhalten dem Glauben an Jesus Christus entspricht.

---

[1] Kurt Aland (Hg.), Luther deutsch. Die Werke Martin Luthers in Auswahl. Band 6: Kirche und Gemeinde, Göttingen 1983, 80.

In den Evangelien wird das Leben des Christen mit dem Begriff „Nachfolge" beschrieben. Was damit gemeint ist, zeigt sich in der Begegnung zwischen Jesus und dem „reichen Jüngling".

Markusevangelium 10,17-22

(17) Und als er hinausging auf den Weg, lief einer herbei, kniete vor ihm nieder und fragte ihn: Guter Meister, was soll ich tun, damit ich das ewige Leben ererbe? (18) Aber Jesus sprach zu ihm: Was nennst du mich gut? Niemand ist gut als der eine Gott. (19) Du kennst die Gebote: ‚Du sollst nicht töten; du sollst nicht ehebrechen; du sollst nicht stehlen; du sollst nicht falsch Zeugnis reden; du sollst niemanden berauben; du sollst deinen Vater und deine Mutter ehren.' (20) Er aber sprach zu ihm: Meister, das habe ich alles gehalten von meiner Jugend auf. (21) Und Jesus sah ihn an und gewann ihn lieb und sprach zu ihm: Eines fehlt dir. Geh hin, verkaufe alles, was du hast, und gib's den Armen, so wirst du einen Schatz im Himmel haben, und komm, folge mir nach! (22) Er aber wurde betrübt über das Wort und ging traurig davon; denn er hatte viele Güter.

„Was soll ich tun, damit ich das ewige Leben ererbe?" Zur Zeit Jesu wird engagiert darüber diskutiert. Alle wichtigen Rabbiner geben dazu ihre Stellungnahme ab. Der „reiche Jüngling" möchte wissen, was der Wanderprediger Jesus von Nazareth dazu zu sagen hat – sicher auch aus persönlichem Interesse.

Aber die Antwort Jesu ist ein Affront. Er kritisiert die freundliche Anrede als *„guter Meister"* und weist ihn einfach auf die Gebote hin. Trotzdem gibt der reiche Jüngling nicht auf. Er weist Jesus darauf hin, dass er das doch alles getan hat. Damit lässt er indirekt erkennen, dass er trotz seiner sorgfältigen Beachtung der Gebote Gottes den Eindruck hat, dass ihm etwas Entscheidendes fehlt. Jesus merkt das. Der reiche Jüngling ist ihm sympathisch und er geht auf seine Frage ein. Aber erneut ist der reiche Jüngling enttäuscht – diesmal jedoch aus einem anderen Grund. Hatte er bei der ersten Antwort Jesu den Eindruck, dass Jesus ihn nicht ernst nimmt oder unterfordert, fühlt er sich nun komplett überfordert.

Was empfindet er als Überforderung? Jesus geht es nicht nur darum, dass der reiche Jüngling etwas für die Armen tut. Ihm geht es darum, dass er ihm nachfolgt. Er soll sein Hab und Gut spenden, um Jesus nachzufolgen.

Aber was heißt das – *„folge mir nach!"* Zunächst nichts anderes als alles stehen und liegen zu lassen und mit Jesus zu kommen. Jesus ist Wanderprediger. Seine Nachfolger sind diejenigen, die ihm hinterher gehen. Jesus geht voran – seine Jünger folgen ihm von Ort zu Ort.

Der Begriff „Nachfolge" hat aber auch eine übertragene Bedeutung. Er leitet sich von seinem buchstäblichen Sinn ab. Nachfolger Jesu sind Menschen, die ihr Leben an Jesus Christus ausrichten. Er geht voran – sie folgen ihm. So wie die Jünger damals von Ort zu Ort hinter Jesus hergingen, gehen Christen in ihrem Leben den Weg, den Jesus ihnen vorausgegangen ist. Christsein heißt Nachfolge.

Wer Jesus nachfolgt, dessen Leben wird auf den Kopf gestellt. Er hat sein Leben nicht mehr selbst in der Hand – Jesus Christus bestimmt über ihn. Jesus nachzufolgen heißt, nicht mehr einfach zu tun und zu lassen, was wir wollen, nicht mehr uns selbst der Nächste zu sein, nicht alles danach zu beurteilen, ob es uns etwas bringt, nicht mehr uns selbst für den Mittelpunkt des Universums zu halten.

Und was heißt das positiv? Hilfreich ist ein Vergleich, der auf den dänischen Philosoph Sören Kierkegaard (1813-1855) zurückgeht – ein Vergleich zwischen Bewunderern und Nachfolgern Jesu:
Jesus will keine Bewunderer,
er braucht Nachfolger.
Die Bewunderer
rühmen die großen Taten Jesu in der Welt von gestern.
Die Nachfolger wissen,
dass Jesus in der Welt von heute anwesend sein will.
Die Bewunderer
gehen einer letzten Entscheidung für Jesus geschickt aus dem Wege.
Die Nachfolger
verbinden ihr Schicksal vorbehaltlos mit dem Schicksal Jesu.
Die Bewunderer
sind heute begeistert von Jesus und morgen von einem anderen.
Die Nachfolger
können ihren Herrschaftswechsel nicht mehr rückgängig machen.
Die Bewunderer fragen:

Was habe ich von Jesus?
Die Nachfolger fragen:
Was hat Jesus von mir?
Die Bewunderer
sonnen sich gern und oft im Glanz Jesu.
Die Nachfolger
wenden sich gern willig dem Elend der Welt zu.
Nein – Jesus will keine Bewunderer;
auf sie kann er gern verzichten.
Auf Nachfolger nicht.[1]

4.6 Die Gebote, ihre Summe, das höchste und das neue Gebot

Im Gespräch mit dem „reichen Jüngling" zitiert Jesus aus den Zehn Geboten (Mk.10,19). Nachdem dieser ihm erklärt, dass er sie *„von ... Jugend auf"* gehalten hat, ruft Jesus ihn dazu auf, ihm nachzufolgen (Mk.10,21).

Was aber meinen die einzelnen Bestimmungen der Zehn Gebote? Wie kann man ihre Intention zusammenfassen? Was ist das wichtigste Gebot? Und welchen neuen Akzent setzt Jesus im Hinblick auf die Gebote?

Eine kurze Erklärung der Zehn Gebote[2]

Das erste Gebot: 2. Mose 20,2-3
(2) Ich bin der Herr, dein Gott, der ich dich aus Ägyptenland, aus der Knechtschaft, geführt habe. (3) Du sollst keine anderen Götter haben neben mir.

---

[1] Zit. in: Freikirche der Siebenten-Tags-Adventisten, glauben – hoffen - singen, Lüneburg 2015, 421.
[2] Vgl. die ausführliche Erklärung in: Michael Mainka, AnGebote für ein Leben mit Profil, Lüneburg 2004.

Gott stellt sich seinem Volk als Befreier vor. Das ist zugleich die Begründung für das erste Gebot: Weil Gott *„aus der Knechtschaft"* befreit, wäre es töricht, neben ihm auch anderen Göttern zu dienen.

Ursprünglich ging es dabei vor allem um die Götter der „Heiden" – von Aschera bis Zeus. In einem erweiterten Sinn kann man unter den anderen Göttern alle Dinge verstehen, die an die Stelle Gottes treten. In diesem Sinn hat Martin Luther im „Großen Katechismus" angemerkt: „Woran du nun ... dein Herz hängst und worauf du dich verlässest, das ist eigentlich dein Gott."

Das zweite Gebot: 2. Mose 20,4-6
(4) Du sollst dir kein Bildnis noch irgendein Gleichnis machen, weder von dem, was oben im Himmel, noch von dem, was unten auf Erden, noch von dem, was im Wasser unter der Erde ist: (5) Bete sie nicht an und diene ihnen nicht! Denn ich, der HERR, dein Gott, bin ein eifernder Gott, der die Missetat der Väter heimsucht bis ins dritte und vierte Glied an den Kindern derer, die mich hassen, (6) aber Barmherzigkeit erweist an vielen Tausenden, die mich lieben und meine Gebote halten.

Im zweiten Gebot geht es nicht um andere Götter, sondern um den Versuch, Gott bildhaft darzustellen und diese Bilder anzubeten. In 5.Mos.4,15-19 wird dieses Gebot wie folgt begründet: *„(15) So hütet euch um eures Lebens willen - denn ihr habt keine Gestalt gesehen an dem Tage, da der HERR mit euch redete aus dem Feuer auf dem Berge Horeb -, (16) dass ihr euch nicht versündigt und euch irgendein Bildnis macht, das gleich sei einem Mann oder einer Frau, (17) einem Tier auf dem Land oder Vogel unter dem Himmel, (18) dem Gewürm auf der Erde oder einem Fisch im Wasser unter der Erde. (19) Hebe auch nicht deine Augen auf zum Himmel, dass du die Sonne sehest und den Mond und die Sterne, das ganze Heer des Himmels, und fallest ab und betest sie an ..."* Weil sie *„keine Gestalt"* gesehen haben, soll Israel sich kein *„Bildnis"* machen. Den unsichtbaren Gott kann man nicht in Bilder fassen.

Ursprünglich bezog sich das zweite Gebot auf das „Goldene Kalb" und ähnliche Darstellungen Gottes (2.Mos.32). Aus diesem Gebot haben sich aber auch immer wieder kritische Fragen an die Bilderverehrung in der römisch-katholischen Kirche und den orthodoxen Kirchen ergeben.

Das dritte Gebot: 2. Mose 20,7
Du sollst den Namen des Herrn, deines Gottes, nicht missbrauchen; denn der Herr wird den nicht ungestraft lassen, der seinen Namen missbraucht.

Das dritte Gebot verbietet vor allem den Meineid: *„Ihr sollt nicht falsch schwören bei meinem Namen und den Namen eures Gottes nicht entheiligen; ich bin der HERR"* (3.Mos.19,12).

Darüber hinaus geht es um alle Versuche, Gott als Mittel zum Zweck zu missbrauchen – vor allem für eigene Zwecke, die dem Nächsten schaden. Auf politischer Ebene ist dabei z.B. an die Segnung von Waffen oder die Rechtfertigung des Krieges im Namen Gottes zu denken.

Das vierte Gebot: 2. Mose 20,8-11
(8) Gedenke des Sabbattages, dass du ihn heiligst. (9) Sechs Tage sollst du arbeiten und alle deine Werke tun. (10) Aber am siebenten Tage ist der Sabbat des HERRN, deines Gottes. Da sollst du keine Arbeit tun, auch nicht dein Sohn, deine Tochter, dein Knecht, deine Magd, dein Vieh, auch nicht dein Fremdling, der in deiner Stadt lebt. (11) Denn in sechs Tagen hat der HERR Himmel und Erde gemacht und das Meer und alles, was darinnen ist, und ruhte am siebenten Tage. Darum segnete der HERR den Sabbattag und heiligte ihn.

Das vierte Gebot ruft dazu auf, den Sabbat nicht aus den Augen zu verlieren, sondern an ihn zu denken und ihn aus dem Alltag herauszuheben („heiligen").

Warum soll der Mensch das tun? Weil der Sabbat Gott gehört. Der siebente Tag *„ist der Sabbat des HERRN, deines Gottes".*

Wie soll der Mensch den Sabbat heiligen? Das geschieht vor allem dadurch, dass der Sabbat für alle ein arbeitsfreier Tag ist – und zwar von Abend bis Abend (3.Mos.23,32). Gott selbst ist darin unser Vorbild, weil auch er am siebenten Schöpfungstag geruht hat (vgl. 1.Mos.2,2-3).

Immer wieder haben Menschen Regeln darüber aufgestellt, was am Sabbat erlaubt und was verboten ist – vor allem im Frühjudentum. Jesus hat sich darüber hinweggesetzt und betont, dass der Sabbat den Menschen nicht einschränken soll, sondern ein Geschenk für ihn ist: *„Der Sabbat ist um des Menschen willen gemacht und nicht der Mensch um des Sabbats willen"* (Mk.2,27). Deshalb ist der Sabbat auch ein Tag, um anderen Menschen Gutes zu tun (Mk.3,1-6).

Der Sabbat erinnert an das Evangelium – daran, dass beim christlichen Glauben nicht die Leistung im Mittelpunkt steht, sondern die Einladung, bei Gott zur Ruhe zu kommen. Deshalb ist der Sabbat auch der geeignete Tag für den Gottesdienst (3.Mos.23,3).

In nachapostolischer Zeit wurde die Feier des Sabbats von den meisten Christen als unnötig oder falsch abgelehnt. Die Gottesdienste feierte man am Sonntag; einen Ruhetag gab es nicht. Zwei Jahrhunderte später (321 n.Chr.) wurde der Sonntag durch ein kaiserliches Gesetz zum Ruhetag. Die Kirche sah darin die Möglichkeit, dem Sonntag auch den Charakter eines Ruhetags zu geben.

Wie kam es zu dieser Veränderung? Einige Theologen erklärten die Arbeitsruhe für unwichtig. Stattdessen komme es darauf an, jeden Tag von bösen Werken zu „ruhen". Außerdem grenzten sich Christen immer mehr vom Judentum ab. Zur Begründung des Sonntags wurde vor allem darauf verwiesen, dass Jesus am ersten Tag der Woche von den Toten auferstanden ist.

Das fünfte Gebot: 2. Mose 20,12
Du sollst deinen Vater und deine Mutter ehren, auf dass du lange lebest in dem Lande, das dir der Herr, dein Gott, geben wird.

Das fünfte Gebot ruft zur Achtung der Eltern auf (vgl. 3.Mos.19,3: *„Ein jeder fürchte seine Mutter und seinen Vater ..."*). Dabei geht es aber nicht nur um eine allgemeine Haltung, sondern auch um konkrete Fragen.

In einer Diskussion mit den Pharisäern hat Jesus unterstrichen, dass dazu auch die Versorgung der Eltern im Alter gehört. Er kritisiert die Idee, sich dieser Pflicht dadurch zu entziehen, dass man das, was den Eltern *„zusteht"*, kurzerhand zur *„Opfergabe"* erklärt (Mk.7,10-12).

Paulus leitet aus diesem Gebot auch den Aufruf der Kinder zum Gehorsam gegenüber ihren Eltern ab (Eph.6,1-3). Gleichzeitig warnt er die Eltern, besonders die Väter, davor, ihre elterliche Autorität zu missbrauchen (Eph.6,4).

Das sechste Gebot: 2. Mose 20,13
Du sollst nicht töten.

Das sechste Gebot meint ursprünglich den heimtückischen Mord. Aus diesem Grund steht es in alttestamentlicher Zeit nicht im Widerspruch zur Todesstrafe oder zur Kriegsführung (2.Mos.21,12).

Im Neuen Testament ist das anders. Zwar finden sich dort keine direkten Aussagen gegen die Todesstrafe und den Kriegsdienst. Aber Jesus hat diesem Gebot in der Bergpredigt eine umfassendere Bedeutung gegeben und davon gewarnt, einen anderen Menschen mit Worten zu töten (Mt.5,21-22). In eine ähnliche Richtung gehen seine Aussagen gegen die Vergeltung (Mt.5,38-42) und das Gebot der Feindesliebe (Mt.5,43-48). Seine Hinweise beziehen sich auf alle Lebensbereiche, weshalb nicht wenige Pazifisten sich auf die Bergpredigt beziehen.

Mindestens genauso wichtig ist aber die „gewaltfreie Kommunikation" im Alltag.

Das siebte Gebot: 2. Mos.20,14
Du sollst nicht ehebrechen.

Das siebte Gebot richtete sich ursprünglich vor allem an die Männer. Nach alttestamentlichem Verständnis beging Ehebruch, wer mit einer verheirateten Frau intim wurde (3.Mos.20,10; 5.Mos.22,22).

Jesus hat das Gebot auf den begehrlichen Blick ausgeweitet: *„Ich aber sage euch: Wer eine Frau ansieht, sie zu begehren, der hat schon mit ihr die Ehe gebrochen in seinem Herzen."* (Mt.5,28).

Außerdem hat er dieses Gebot auf die Ehescheidung bezogen: *„Wer sich von seiner Frau scheidet, es sei denn wegen Unzucht, der macht, dass sie die Ehe* *bricht; und wer eine Geschiedene heiratet, der bricht die Ehe.*" (Mt.5,32). Jesus richtet sich hier an die Männer. Im Unterschied zu den Frauen konnten sie sich damals aus einer Vielzahl von Gründen scheiden lassen. Die Frauen waren also von der Gnade ihrer Männer abhängig. Wenn Jesus diesem Treiben der Männer Einhalt gebietet, tut er das, um die Frauen zu schützen. Der Schutz der Menschenwürde ist also der Maßstab. Daraus folgt, dass im Sinne Jesu eine Scheidung bei Gewalt in der Ehe oder permanenten seelischen Verletzungen notwendig werden kann.

Entgegen landläufigen Vorstellungen vermittelt die Bibel ein positives und befreites Verhältnis zur Sexualität (s. vor allem das Buch Hohelied, einem Meisterwerk erotischer Literatur). Dazu gehört, sie im Schutzbereich der Ehe zu leben (1.Kor.7,9).

Das achte Gebot: 2. Mos.20,15
Du sollst nicht stehlen.

Das achte Gebot warnt davor, sich am Besitz des Nächsten zu vergreifen (2.Mos.21,37). Die Propheten des Alten Testaments haben in diesem Zusammenhang auch die Ausbeutung der Armen durch die Reichen kritisiert (z.B. Jes.3,14; Mi.2,1-2).

Paulus hat das Verbot des Stehlens mit einem Gebot des Gebens ergänzt: „*Wer gestohlen hat, der stehle nicht mehr, sondern arbeite und schaffe mit eigenen Händen das nötige Gut, damit er dem Bedürftigen abgeben kann*" (Eph.4,28)

Das neunte Gebot: 2. Mose 20,16
Du sollst nicht falsch Zeugnis reden wider deinen Nächsten.

Das neunte Gebot bezieht sich vor allem auf falsche Zeugenaussagen vor Gericht und die Verbreitung falscher Gerüchte: „*Du sollst kein falsches Gerücht verbreiten; du sollst nicht einem Schuldigen Beistand leisten, indem du als Zeuge Gewalt deckst.*" (2.Mos.23,1).

Einige Begebenheiten, die im Alten Testament berichtet werden, zeigen, dass eine „Notlüge" offenbar nicht unter dieses Gebot fällt – sofern sie der Rettung von Menschenleben dient. So wird z.B. geschildert, dass die hebräischen Hebammen den Befehl, die männlichen Neugeborenen ihrer Landsleute zu töten, ignorierten und dann im Verhör durch den Pharao behaupteten, dass sie bei der Geburt immer viel zu spät kämen und daher seiner Anordnung nicht hätten Folge leisten können (2.Mos.1,15-21). Auch die Hure Rahab führte die Verfolger der israelitischen Spione bewusst in die Irre (Jos.2,1-7) – und trotzdem bzw. gerade deshalb findet sich ihr Name noch Jahrhunderte später in einer Liste von Vorbildern des Glaubens (Hebr.11,31).

Das zehnte Gebot: 2. Mose 20,17
Du sollst nicht begehren deines Nächsten Haus. Du sollst nicht begehren deines Nächsten Frau, Knecht, Magd, Rind, Esel noch alles, was dein Nächster hat.

Das zehnte Gebot wiederholt nicht einfach das siebte oder achte Gebot, sondern schließt auch die inneren Regungen des Menschen mit ein.

Verwirrend ist, dass es im Unterschied zu den anderen Geboten zwei Sätze enthält, die mit *„Du sollst nicht ..."* beginnen. Sie gehören aber untrennbar zusammen. Schließlich ist hier mit *„Haus"* nicht ein Gebäude gemeint, sondern alles, was den Lebensbereich eines Menschen ausmacht.

Das Gebot *„Du sollst nicht begehren ..."* bildet den Abschluss der Zehn Gebote, weil es auf die Wurzel aller Übertretungen des Gesetzes zu sprechen kommt: das selbstsüchtige Begehren. Es verhindert, dass wir Gott die erste Stelle in unserem Leben einräumen (Gebote 1 – 4) und führt dazu, die Rechte unseres Mitmenschen zu missachten (Gebote 5 – 9). Insofern hat das zehnte Gebot grundlegende Bedeutung für alle anderen Gebote.

Die Summe des Gesetzes

Paulus hat die Intention der Zehn Gebote – vor allem der Gebote für den zwischenmenschlichen Bereich (Gebote 5 – 10) – im Brief an die Gemeinde in Rom so zusammengefasst:

Römerbrief 13,8-10
„(8) Seid niemandem etwas schuldig, außer dass ihr euch untereinander liebt; denn wer den andern liebt, der hat das Gesetz erfüllt. (9) Denn was da gesagt ist (2.Mose 20,13-17): ‚Du sollst nicht ehebrechen; du sollst nicht töten; du sollst nicht stehlen; du sollst nicht begehren‘, und was da sonst an Geboten ist, das wird in diesem Wort zusammengefasst (3.Mose 19,18): ‚Du sollst deinen Nächsten lieben wie dich selbst.‘ (10) Die Liebe tut dem Nächsten nichts Böses. So ist nun die Liebe des Gesetzes Erfüllung.“

Die Aufforderung, *„niemandem etwas schuldig“* zu sein, ist möglicherweise im finanziellen Sinne zu verstehen. Schließlich heißt es im Vers vorher: *„So gebt nun jedem, was ihr schuldig seid: Steuer, dem die Steuer gebührt; Zoll, dem der Zoll gebührt; Furcht, dem die Furcht gebührt; Ehre, dem die Ehre gebührt“* (Röm.13,7).

Entscheidend ist aber die Fortsetzung des Satzes: *„... außer dass ihr euch untereinander liebt“*. Wie sich die Aufforderung, *„niemandem etwas schuldig“* zu sein, nicht nur auf Mitchristen, sondern auf alle Menschen bezieht, bezieht sich auch das Gebot, einander zu lieben, nicht nur auf das Miteinander der Christen, sondern auf alle Menschen. Christen sind verpflichtet, alle Menschen zu lieben.

Paulus begründet seinen Aufruf damit, dass derjenige, der *„den andern liebt“*, damit *„das Gesetz erfüllt“* hat. Warum? Weil alle Gebote des Gesetzes im Gebot der Nächstenliebe zusammengefasst sind. Denn: *„Die Liebe tut dem Nächsten nichts Böses.“* Wer liebt, der tut das, was das Gesetz sagt. Wer liebt, liegt immer richtig.

Das höchste Gebot

Matthäusevangelium 22,34-40
„(34) Als aber die Pharisäer hörten, dass er den Sadduzäern das Maul gestopft hatte, versammelten sie sich. (35) Und einer von ihnen, ein Lehrer des Gesetzes, versuchte ihn und fragte: (36) Meister, welches ist das höchste Gebot im Gesetz? (37) Jesus aber sprach zu ihm: ‚Du sollst den Herrn, deinen Gott, lieben von ganzem Herzen, von ganzer Seele und von ganzem Gemüt‘ (5.Mose 6,5). (38) Dies ist das höchste und erste Gebot. (39) Das andere aber ist dem gleich: ‚Du sollst deinen

> *Nächsten lieben wie dich selbst' (3.Mose 19,18). (40) In diesen beiden Geboten hängt das ganze Gesetz und die Propheten."*

Die Frage *„Meister, welches ist das höchste Gebot im Gesetz?"* ist eine Fangfrage. Warum? Sie fordert Jesus dazu auf, eine persönliche Bewertung abzugeben. Wer etwas bewertet, stellt sich damit in der Regel über die zu bewertende Sache. Der Fragesteller hofft also vermutlich, dass Jesus sich in seiner Antwort über das Gesetz stellt und er ihm anschließend vorwerfen kann, das Gesetz aufzulösen.

Jesus aber lässt sich davon nicht beeindrucken und nennt zunächst das Gebot aus 5.Mos.6,5: *„Und du sollst den HERRN, deinen Gott, lieb haben von ganzem Herzen, von ganzer Seele und mit all deiner Kraft."* Es galt – und gilt – im Judentum als ein zentrales Gebot. Ihm geht das „Schma Jisrael", das jüdische Glaubensbekenntnis, voraus (5.Mos. 6,4: *„Höre, Israel, der HERR ist unser Gott, der HERR ist einer."*). Dann aber stellt er das Gebot der Nächstenliebe als gleichwertig daneben. Damit zeigt er: Die Liebe zu Gott und die Liebe zum Mitmenschen gehören zusammen.

Was meint Jesus damit, dass *„in diesen beiden Geboten"* das *„ganze Gesetz und die Propheten"* hängen? Vom Gebot der Gottes- und der Nächstenliebe hängt das ganze Gesetz ab. Sie sind so etwas wie die übergeordneten Prinzipien, denen alle anderen Gebote und Verbote – auch die Zehn Gebote – untergeordnet sind.

Das neue Gebot

In allen Religionen gibt es Vorschriften für das Leben der Gläubigen. Viele Gebote, die sich in der Bibel finden, lassen sich durchaus mit denen anderer religiöser Schriften vergleichen. Das Besondere aber ist: Wenn es im christlichen Glauben um Gebote geht, steht dabei Jesus Christus im Mittelpunkt. Am deutlichsten wird das in den Abschiedsreden Jesu. Dort formuliert Jesus für seine Jünger ein *„neues Gebot"* – das Gebot, sich untereinander zu lieben.

Johannesevangelium 13,34
„Ein neues Gebot gebe ich euch, dass ihr euch untereinander liebt, wie ich euch geliebt habe, damit auch ihr einander lieb habt."

Das Gebot der Nächstenliebe steht schon bei Mose. *„...Du sollst deinen Nächsten lieben wie dich selbst ..."* (3.Mos.19,18). Anstelle des *„wie dich selbst"* steht hier jedoch das *„wie ich euch geliebt habe"*. Die Liebe Jesu ist das Maß aller Dinge. Und sie ist auch die Grundlage für die Liebe unter den Nachfolgern Jesu. Er hat seine Jünger geliebt, *„damit"* auch sie einander lieben.

4.7   Tipps für die Gesundheit

In den Geboten, die sich in der Heiligen Schrift finden, geht es vor allem um die Beziehung zu Gott und das Verhalten gegenüber dem Mitmenschen. Das bedeutet aber nicht, dass das individuelle Wohlergehen kein Thema wäre.

Zu Beginn seines Briefes *„an den lieben Gaius"* stehen gute Wünsche des Apostels Johannes:

3. Johannesbrief 1-3
(1) Der Älteste an den liebe Gaius, den ich lieb habe in der Wahrheit. (2) Mein Lieber, ich wünsche, dass es dir in allen Stücken gut gehe und du gesund seist, so wie es deiner Seele gut geht. (3) Denn ich habe mich sehr gefreut, als Brüder kamen und Zeugnis gaben von deiner Wahrheit, wie du wandelst in der Wahrheit.

Was meint Johannes, wenn er davon spricht, dass es der *„Seele"* des Gaius gut geht? Das zeigt der folgende Satz: *„Denn ich habe mich sehr gefreut, als Brüder kamen und Zeugnis gaben von deiner Wahrheit, wie du wandelst in der Wahrheit."* Hier geht es also um seine Beziehung zu Gott und sein dementsprechendes Verhalten. Da ist alles in Ordnung. Nun wünscht Johannes, dass es ihm darüber hinaus auch gesundheitlich gut gehen möge.

In der Bibel finden wir aber nicht nur Gesundheitswünsche, sondern auch Gesundheitsratschläge.

Sucht

Der Apostel Petrus warnt vor allem, was die Persönlichkeit des Menschen zerstört:

1. Petrusbrief 2,11
Ihr Lieben, ich ermahne euch als Fremdlinge und Pilger: Enthaltet euch von fleischlichen Begierden, die gegen die Seele streiten ..."

Gemeint ist all das, was er im weiteren Verlauf des Briefes aufzählt:

1. Petrusbrief 4,3
Denn es ist genug, dass ihr die vergangene Zeit zugebracht habt nach heidnischem Willen, als ihr ein Leben führtet in Ausschweifung, Begierde, Trunkenheit, Fresserei, Sauferei und gräulichem Götzendienst.

Auch Paulus warnt vor dem Konsum von Alkohol:

Epheserbrief 5,18
Und sauft euch nicht voll Wein, woraus ein unordentliches Wesen folgt, sondern lasst euch vom Geist erfüllen.

In diesem Sinne ist heutzutage ebenso vor Tabakgenuss, Drogenkonsum und Medikamentenmissbrauch zu warnen.

Ernährung

Bei den Speisegeboten in 3.Mos.11 geht es eigentlich um *„rein"* und *„unrein"*. Die Hinweise bzgl. des Fleischkonsums, z.B. das Verbot von Schweinefleisch (3.Mos.11,7), können jedoch auch unter gesundheitlichen Gesichtspunkten geprüft werden – was auch für die Erinnerung daran gilt, dass für den Menschen ursprünglich eine vegetarische bzw. vegane Ernährung vorgesehen war (1.Mos.1,29: *„Und Gott sprach: Sehet da, ich habe euch gegeben alle Pflanzen, die Samen bringen, auf der ganzen Erde, und alle Bäume mit Früchten, die Samen bringen, zu eurer Speise."*).

4.8   Die Schöpfung bewahren

Wenn Christen über den Willen Gottes nachdenken, geht es nicht nur um ihre Beziehung zu Gott, ihr Verhalten gegenüber ihren Mitmenschen und ihre Sorge um ihre eigene (seelische und körperliche) Gesundheit, sondern auch um ihre Verantwortung für die Bewahrung der Schöpfung.

Seit den siebziger Jahren des 20. Jahrhunderts ist der Umweltschutz zu einem immer wichtigeren Thema geworden. Auch Christen mussten sich neu damit auseinander setzen – auch weil die einschlägigen Aussagen der Bibel in Vergessenheit geraten waren.

Dabei spricht die Bibel bereits im Schöpfungsbericht von der Verantwortung des Menschen für die Schöpfung:

1. Mose 2,15
Und Gott der HERR nahm den Menschen und setzte ihn in den Garten Eden, dass er ihn bebaute und bewahrte.

Der „*Garten Eden*" ist kein Schlaraffenland. Er will bebaut und bewahrt werden. Andere Vorstellungen über ein Paradies, in dem alle in der Hängematte liegen und sich die gebratenen Tauben in den Mund fliegen lassen, haben keine biblische Grundlage. Der Mensch hat in Gottes Schöpfung eine wichtige Funktion. Er ist so etwas wie ein Gärtner, der Gottes Grund und Boden pflegt, bewahrt und fachgerecht bewirtschaftet. Gott ist der Besitzer. Aufgabe des Menschen ist es, Gottes Stellvertreter auf dieser wunderschönen Welt zu sein, sein Hausmeister und Landschaftspfleger. Wir sollen diese Welt nicht ausbeuten und ausplündern wie Feindesland, sondern bewirtschaften und bewahren wie ein anvertrautes Gut.

Was heißt das konkret? Auch dazu hat die Bibel einiges zu sagen. So ist dort ausdrücklich vom Tierschutz die Rede: *„Der Gerechte erbarmt sich seines Viehs; aber das Herz der Frevler ist unbarmherzig."* (Spr.12,10). Und den Landwirten wird gesagt, dass das Land auch mal Ruhe braucht und das Recht auf einen *„Sabbat"* hat.: *„(1) Und der HERR sprach zu Mose auf dem Berge Sinai: (2) Rede mit den Israeliten und sprich zu ihnen: Wenn ihr in das Land kommt, das ich euch geben werde, so soll das Land dem HERRN einen Sabbat feiern. (3) Sechs Jahre* *sollst du dein Feld besäen und sechs Jahre deinen Weinberg beschneiden und die Früchte einsammeln, (4) aber im siebenten Jahr soll das Land dem HERRN einen feierlichen Sabbat halten; da sollst du dein Feld nicht besäen noch deinen Weinberg beschneiden."* (3.Mos.25,1-4).

Wenn wir heute über die Zerstörung der natürlichen Lebensgrundlage klagen, wissen wir, dass es dabei nicht nur um unser persönliches Verhalten geht. Vielmehr haben wir es zu einem großen Teil mit „Nebenwirkungen" einer auf Gewinnmaximierung ausgerichteten Gesellschaft zu tun.

Mancher Zeitgenosse nimmt das als Ausrede, die Dinge einfach laufen zu lassen. Er vergisst dabei, dass wir in einer Demokratie leben und es im Grundgesetz heißt: „Alle Staatsgewalt geht vom Volke aus."(Art. 20.2). Natürlich benötigt jeder, der sich für unser demokratisches Gemeinwesen einsetzt, einen langen Atem und muss viele Enttäuschungen verkraften. Aber: jeder kann sich einbringen und je mehr Menschen das auf eine sinnvolle Weise tun, desto besser.

Außerdem können wir unseren persönlichen Lebensstil überdenken, z.B. indem wir unseren „ökologischen Fußabdruck" (www.fussabdruck.de) berechnen und anschließend überlegen, wo wir etwas verändern können. Dabei werden wir sicher feststellen, wie schwer es ist, einen nachhaltigen Wert zu erreichen (Mein eigener Wert liegt leider z. Zt. auch klar darüber.). Das ändert aber nichts daran, dass der „ökologische Imperativ" – also der auf ökologische Fragen angewandte „kategorische Imperativ" Immanuel Kants – berechtigt ist: „Handle so, dass die Wirkungen deiner Handlung verträglich sind mit der Permanenz echten menschlichen Lebens auf Erden."[1]

4.9   Vom Beten

So gewiss es in allen Religionen Gebote für das Leben der Gläubigen gibt, so selbstverständlich ist es auch, dass alle Weltreligionen die Wichtigkeit des Gebets betonen. Das bedeutet aber nicht, dass sie sich im Verständnis des Gebets

---

[1] Hans Jonas, Das Prinzip Verantwortung, Versuch einer Ethik für die technologische Zivilisation, Frankfurt/M. 1979, 36.

einig wären. Christliches Beten ist vom Glauben an Jesus Christus geprägt und von dem, was er über das Gebet gesagt hat.

Wie sollen wir beten?

In der Bergpredigt hat Jesus betont, dass das Gebet eine ganz persönliche Sache zwischen dem Beter und seinem Gott ist – und es deshalb vor allem im „Privatleben" seinen Platz hat.

Matthäusevangelium 6,1.5-8
(1) Habt aber acht, dass ihr eure Gerechtigkeit nicht übt vor den Leuten, um von ihnen gesehen zu werden; ihr habt sonst keinen Lohn bei eurem Vater im Himmel … (5) Und wenn ihr betet, sollt ihr nicht sein wie die Heuchler, die gern in den Synagogen und an den Straßenecken stehen und beten, um sich vor den Leuten zu zeigen. Wahrlich, ich sage euch: Sie haben ihren Lohn schon gehabt. (6) Wenn du aber betest, so geh in dein Kämmerlein und schließ die Tür zu und bete zu deinem Vater, der im Verborgenen ist; und dein Vater, der in das Verborgene sieht, wird dir's vergelten. (7) Und wenn ihr betet, sollt ihr nicht viel plappern wie die Heiden; denn sie meinen, sie werden erhört, wenn sie viele Worte machen. (8) Darum sollt ihr ihnen nicht gleichen. Denn euer Vater weiß, was ihr bedürft, bevor ihr ihn bittet."

Jesus propagiert eine Spiritualität, die ganz auf Gott gerichtet ist – und nicht darauf, was Andere denken, um bei ihnen Eindruck zu machen. Auch das Gebet kann missbraucht werden, um die eigene Frömmigkeit zu demonstrieren.

Beim Gebet *„in den Synagogen"* denkt Jesus an freie Gebete, die öffentlich gesprochen wurden. Die Beter können daraus einen Akt der frommen Selbstdarstellung machen. Auch das Gebet *„an den Straßenecken"*, ist in den Augen Jesu ein Missbrauch für eigene Zwecke. Die Pharisäer hatten genaue Vorschriften über Gebetszeiten. Deshalb konnte es vorkommen, dass sich jemand zur vorgeschriebenen Zeit an einer Straßenkreuzung befand. Mancher nahm dann plötzlich die Gebetshaltung ein. Alle Menschen um ihn herum wussten dann, dass sie es mit einem sehr frommen Menschen zu tun haben.

Über alle, die auf diese Weise beten, sagt Jesus: *„Sie haben ihren Lohn schon gehabt."* Publikumswirksame Worte, wie laut und sichtbar und inbrünstig sie auch vorgetragen werden, bewegen nur Menschen, aber nicht den Himmel. Weil der Beter für sein Gebet öffentliche Aufmerksamkeit erhalten hat, ist Gott mit ihm quitt. Mehr darf er nicht erwarten! Solche Gebete erhört Gott nicht, denn sie werden ja nicht gesprochen, damit Gott sie erhört, sondern um bei unseren Mitmenschen etwas zu bewegen.

Deshalb ist es am besten, wenn das Gebet im *„Kämmerlein"* stattfindet. Gemeint ist die Vorratskammer des Hauses. Warum gerade die Vorratskammer? Weil sie damals der einzige Raum im Hause ist, den man abschließen kann. Dort, im Verborgenen, soll das Gebet zu Gott erfolgen. Schließlich ist Gott selbst im Verborgenen.

Natürlich wird auch im Gottesdienst gebetet. Jesus provoziert bewusst – um auf diese Weise zu zeigen, worauf wir zu achten haben. Auch und gerade für öffentliche Gebete gilt, dass der Beter sich nicht selbst in den Mittelpunkt stellen soll.

Immer, wenn wir nicht still und heimlich für uns beten, teilen wir auch unseren Mitmenschen etwas über uns selbst mit. Wir teilen ihnen zumindest mit, dass wir beten. Und bereits das hat Auswirkungen darauf, welches Bild andere Menschen von uns haben. Die Frage, wie andere Menschen uns sehen, soll aber beim Gebet keine Rolle spielen.

Aber es geht nicht nur darum, dass Gebet nicht zur Demonstration der eigenen Frömmigkeit zu missbrauchen. Genauso falsch ist es, wenn Menschen Angst davor haben, dass ihre Art zu beten als „nicht fromm genug" empfunden wird. Was denken die anderen? Wie stehe ich vor ihnen da? Immer wieder sorgen diese Fragen dafür, dass sich auch in geistlichen Dingen etwas in uns verkrampft. Unser Leben und unser Glaube blühen im Verborgenen auf, in der persönlichen Gemeinschaft mit Gott.

Ebenso problematisch ist es, beim Beten zu *„plappern"*. Dieser Terminus ist von „stottern" abzuleiten. Gemeint ist wohl ein Lallen sinnloser Silben. Ein solcher Eindruck entsteht vor allem bei heidnischen Gebeten, in denen Gottesbezeichnungen oder Zauberworte in beschwörender Weise fortwährend wiederholt werden (z.B. Apg.19,34), um auf diese Weise auf Gott einzuwirken. Für Christen aber sind lange und beschwörende Gebete nicht notwendig, sondern eher schädlich. Gott weiß, was wir brauchen, bevor wir ihn bitten.

Was sollen wir beten?

Was sollen wir beten – anstatt viele Worte zu machen? Das können wir beim Vaterunser lernen. Schließlich hat Jesus uns dieses Gebet gegeben.

Matthäusevangelium 6,9-13
(9) Darum sollt ihr so beten: Unser Vater im Himmel! Dein Name werde geheiligt. (10) Dein Reich komme. Dein Wille geschehe wie im Himmel so auf Erden. (11) Unser tägliches Brot gib uns heute. (12) Und vergib uns unsere Schuld, wie auch wir vergeben unsern Schuldigern. (13) Und führe uns nicht in Versuchung, sondern erlöse uns von dem Bösen. Denn dein ist das Reich und die Kraft und die Herrlichkeit in Ewigkeit. Amen."

„*Unser Vater im Himmel.*" Mit der Anrede will Gott uns „locken, dass wir glauben sollen, er sei unser rechter Vater und wir seine rechten Kinder, auf dass wir getrost und mit aller Zuversicht ihn bitten sollen wie die lieben Kinder ihren lieben Vater". (Martin Luther, Kleiner Katechismus).

„*Dein Name werde geheiligt.*" Namen sind nicht „Schall und Rauch". Das gilt insbesondere für den Namen Gottes. In seinem Namen ist Gott selbst gegenwärtig (vgl. Ps.20,2: „*Der HERR erhöre dich in der Not, der Name des Gottes Jakobs schütze dich!*"). Wenn der Name Gottes geheiligt wird, wird also Gott selbst geheiligt. Von wem soll der Name Gottes geheiligt werden? Von Gott selbst! Schließlich geht es hier nicht um ein Gebot, sondern um ein Gebet. Deshalb meint die erste Bitte des Vater-Unsers: „Vater, heilige Du bitte selbst deinen Namen. Sorge du, Gott, dafür, dass dein Name geheiligt, groß gemacht und geehrt wird. Verschaffe deinem Namen Achtung und Gehör." Am Ende der Zeiten, werden sich zur Ehre Gottes alle Knie vor Christus beugen (Phil.2,9-11). Dann wird Gott nicht mehr verschwiegen, vergessen, todgesagt, entstellt und verlacht; dann wird er bekannt, anerkannt und gefeiert.

„Dein Reich komme." Gemeint ist das zukünftige Reich Gottes, in dem die Herrschaft Gottes und sein Heil sich auf der ganzen Linie durchgesetzt haben. Die zweite Bitte geht in die gleiche Richtung wie die erste.

„Dein Wille geschehe wie im Himmel so auf Erden." Im Himmel hat sich der Wille Gottes schon durchgesetzt. Satan ist vom Himmel gefallen (Lk.10,18). Deshalb beten wir, dass Gottes Wille sich auch auf Erden durchsetzt. Und das geschieht, wenn Jesus in den Wolken des Himmels wiederkommt.

„Unser tägliches Brot gib uns heute." Oder anders übersetzt: *„Das Brot, das wir brauchen, gib uns heute."* Jesus ermutigt uns, dass wir Gott um das bitten, was wir zum Leben brauchen.

„Und vergib uns unsere Schuld, wie auch wir vergeben unsern Schuldigern." Zu unserem Leben gehört das Scheitern. Wir werden schuldig an anderen Menschen und an Gott. Das belastet. Aber Gott vergibt. Die Erfahrung, dass Gott uns vergibt, hat dann auch etwas mit unserer Vergebungsbereitschaft gegenüber unseren Mitmenschen zu tun (vgl. Mt.6,14.15).

„Und führe uns nicht in Versuchung, sondern erlöse uns von dem Bösen." Was heißt das? Sollen wir Gott darum bitten, dass er uns nicht versucht? Würde er das denn sonst tun? Der zweite Satzteil macht deutlich, dass die Versuchung von Satan, *„dem Bösen"* (Mt.13,19.38f.) kommt. Gott soll also dafür sorgen, dass wir nicht in die Versuchung durch den Teufel gelangen. Welche Versuchung ist gemeint? Wenn im Neuen Testament von Versuchung gesprochen wird, ist oft die Verfolgung um des Glaubens willen gemeint (Lk.8,13 – Mk.4,17; Apg.20,19; 1.Petr.1,6; 4,12.13). Dabei ist auch von einer außergewöhnlichen Versuchung der Endzeit die Rede, von einer *„Stunde der Versuchung, die kommen wird über den ganzen Weltkreis, zu versuchen, die auf Erden wohnen"* (Off.3,10; vgl. 1.Kor.10,11-13). Wenn das auch hier gemeint ist, dann bitten wir darum, nicht in die endzeitlichen Verfolgungen und Versuchungen durch den Teufel zu gelangen. Ähnlich hat Jesus selbst kurz vor seinem Tod in Gethsemane gebetet: *„Abba, Vater, alles ist dir möglich; nimm diesen Kelch von mir; doch nicht, was ich will, sondern was du willst!"* (Mk.14,36).

„Denn dein ist das Reich und die Kraft und die Herrlichkeit in Ewigkeit." Das Vater-Unser endet mit einem Lobpreis. Er findet sich noch nicht in den ältesten Handschriften, ist aber trotzdem ein guter Abschluss des Gebets.

So können wir beten. So kann es jeder. Selbstverständlich sind wir beim Gebet nicht an einen bestimmten Wortlaut gebunden. Wir sind eingeladen, Gott alles zu sagen, was uns auf dem Herzen liegt und dies mit unseren eigenen Gedanken und Worten zu tun. Aber Jesus hat uns das Vaterunser als Hilfe gegeben. Wir sollten diese Hilfe nicht hochmütig ignorieren. Das freie Gebet und das vorformulierte Gebet ergänzen einander.

Entscheidend ist: Das Gebet ist keine religiöse Leistung und erst recht keine fromme Show. Es kommt nicht darauf an, viele fromme Worte zu machen. Wir sollen ehrlich sein vor Gott.

5 Die Kirche

5.1 Das Geheimnis der Kirche

Was ist eigentlich die Kirche? Genauer gefragt: was ist sie aus christlicher Sicht? Was hat sie mit Jesus Christus zu tun? Der Apostel Paulus hat das auf eine kurze Formel gebracht:

1. Korintherbrief 12,27
Ihr aber seid der Leib Christi und jeder Einzelne ein Glied.

Die Gemeinde Korinth ist *„Leib Christi"*. Wer zu dieser Gemeinde gehört, ist ein (Gemeinde)*„Glied"*.

Aber warum spricht Paulus von der Kirche als dem *„Leib Christi"*? Wie ist dieser Begriff zu verstehen? Was hat er damit gemeint?

Der Leib und die Glieder

Das Bild vom Leib und den dazu gehörigen Gliedern ist in der Antike allgemein bekannt. Meistens wird es auf den Staat oder eine andere gesellschaftliche Größe bezogen.

Einige Philosophen und Politiker wollen auf diese Weise zeigen, wie wichtig und segensreich doch die bestehende staatliche Ordnung ist, in der klar geregelt ist, wer etwas zu sagen hat und wer zu gehorchen hat. Der Staat ist ein Leib und jedes Glied des Leibes hat seine Aufgabe. Indirekt ist damit eine Warnung verbunden: Wer das missachtet und den Aufstand probt, ruiniert Staat und Gesellschaft.

In der römischen Kaiserzeit wird der Staat als „Leib" des Kaisers und der Kaiser selbst als „Seele" des Staates bezeichnet. Auf diese Weise unterstreicht man die untrennbare Beziehung zwischen dem Herrscher und seinem Staat – und die Abhängigkeit des Staatsapparats vom Kaiser.

Die Gemeinde als Leib Christi

Paulus greift dieses Bild auf. Aber es geht ihm um mehr als einen bildhaften Vergleich. Er schildert eine Realität: *„Ihr aber seid der Leib Christi ...“*

Jesus Christus ist nicht nur „im Himmel“, sondern auch „auf Erden“. Er ist 40 Tage nach seiner Auferstehung gen Himmel gefahren (vgl. 3.7). Dort hält er bis zu seiner Wiederkunft den Platz für uns frei. Zugleich aber regiert er über diese Welt.

Wie macht er das? Und was hat das mit der Gemeinde zu tun? So wie man damals den Staat als „Leib“ des Kaisers verstanden hat, so ist die Gemeinde der *„Leib Christi“*. Die Gemeinde ist der „Raum“, in dem Jesus Christus herrscht und in dem er durch den Heiligen Geist gegenwärtig ist.

Die Gemeinde ist mehr als ein Verein, in dem sich Menschen mit gleichen Meinungen und Zielen zusammenschließen. Natürlich teilen die Mitglieder der Gemeinde bestimmte Überzeugungen miteinander – vor allem die Überzeugung, dass Gott sich in seinem Sohn Jesus Christus entscheidend auf unsere Seite gestellt hat. Und sie verfolgen gemeinsame Ziele – sich im Glauben an Jesus Christus gegenseitig zu stärken und ihn durch Wort und Tat an andere Menschen weiterzugeben. Aber die Gemeinde ist mehr als das. Die Gemeinde ist Christus, der *„Leib Christi“*!

Wie kann man die Kirche so positiv sehen? Die Frage ist nur zu berechtigt. Man muss kein ausgewiesener Kirchenkritiker sein, um festzustellen, dass es in der Kirche oft sehr menschlich zugeht (und manchmal auch sehr unmenschlich). Das wusste schon der Apostel Paulus. Dennoch hat er die Kirche als *„Leib Christi“* bezeichnet – weil das, was die Kirche ausmacht, nicht sichtbar, sondern unsichtbar ist. Es ist „verborgen unter viel, sehr viel kräftigem Schein des Gegenteils“[1] und kann nur im Glauben erkannt werden. Trotzdem ist es Wirklichkeit. Und glücklicherweise hat diese tiefere Wirklichkeit der Gemeinde Auswirkungen und wird immer wieder zumindest ansatzweise spürbar.

---

[1] Karl Barth, Kirchliche Dogmatik, Bd.4.1, 734.

Christus und die Gemeinde gehören untrennbar zusammen. Sie sind eine Einheit. Er ist nicht ohne die Gemeinde und die Gemeinde nicht ohne ihn. Er ist in der Gemeinde gegenwärtig. Jesus Christus ist das Geheimnis der Kirche.

5.2 Die Zugehörigkeit zur Kirche

Die Kirche, der *„Leib Christi"*, hat viele *„Glieder"*. Wie wird man Mitglied? Wodurch gehört man dazu?

Weil die Kirche mehr ist als ein Verein, ist die Zugehörigkeit zu ihr keine rein menschliche, sondern vor allem eine geistliche Angelegenheit.

Die Taufe und die Gemeinde

In der Taufe sterben wir mit Christus und stehen mit ihm zu einem neuen Leben auf (vgl. 4.2). Dadurch gehören wir zu Christus – und damit auch zu seinem Leib, der Gemeinde.

1. Korintherbrief 12,12-13
(12) Denn wie der Leib einer ist und hat doch viele Glieder, alle Glieder des Leibes aber, obwohl sie viele sind, doch ein Leib sind: so auch Christus. (13) Denn wir sind durch einen Geist alle zu einem Leib getauft, wir seien Juden oder Griechen, Sklaven oder Freie, und sind alle mit einem Geist getränkt.

Obwohl ein Körper aus vielen verschiedenen Gliedern besteht, ist er doch eine Einheit. So ist das auch bei Christus bzw. bei seinem Leib. Warum? Weil wir alle, so unterschiedlich wir auch sein mögen, *„zu einem (!) Leib getauft"* worden sind.

Das geschah *„durch einen (!) Geist"* – durch den Heiligen Geist. Deshalb heißt es in 1. Korinther 6,11 über die Taufe: *„… Aber ihr seid reingewaschen … durch den Geist unseres Gottes"*.

Mitglied der Kirche werden wir also durch die Taufe. Wir gehören zu Christus und damit auch zu seinem Leib, der Gemeinde. Wir sind „zu einem Leib getauft".

Deshalb ist es richtig, wenn der Täufling direkt nach seiner Taufe von der Gemeinde als neues Mitglied begrüßt wird – quasi als neues (Gemeinde)Familienmitglied.

Das Abendmahl und die Gemeinde

Auch das Abendmahl hat mit der Zugehörigkeit zur Gemeinde zu tun. Im Abendmahl haben wir Anteil an Jesu Leib und Blut (vgl. 4.3). Aber das Abendmahl ist nicht nur eine Sache zwischen Gott und dem Einzelnen, sondern der Grund dafür, dass die Gemeinde zusammengehört.

1. Korintherbrief 10,16-17
(16) Der Kelch des Segens, den wir segnen, ist der nicht die Gemeinschaft des Blutes Christi? Das Brot, das wir brechen, ist das nicht die Gemeinschaft des Leibes Christi? (17) Denn ein Brot ist's: So sind wir, die vielen, ein Leib, weil wir alle an einem Brot teilhaben.

Beim Abendmahl essen wir alle von dem einen Brot. Deshalb gehören wir zusammen. Die Gemeinde ist eine Tischgemeinschaft! Wer am Abendmahl teilnimmt, ist Teil dieser besonderen Gemeinschaft.

Wenn wir Brot und Wein empfangen, sind wir auf geheimnisvolle Weise mit Christus verbunden – und zugleich auch untereinander. Wir sind eine Gemeinschaft, eine Einheit. Unsere Einheit hat einen Grund – einen Grund der tiefer nicht sein kann: Jesus Christus. Brot und Wein halten die Gemeinde zusammen!

Christsein und die Gemeinde

Die Gemeinde ist der Leib Christi. Christ zu sein heißt, Teil der Gemeinde zu sein. Durch Taufe und Abendmahl gehören wir dazu. Christsein ohne Gemeinde ist eine unmögliche Möglichkeit. Wer „Ja" zu Jesus sagt, sagt auch „Ja" zu seiner Gemeinde.

5.3   Die Einheit der Kirche

Wenn Christus das Geheimnis der Kirche ist (5.1), wenn wir durch unsere Taufe zum einen Leib Christi gehören und auch durch das Abendmahl miteinander verbunden sind (5.2), muss die Gemeinde eine untrennbare Einheit sein.

Trotzdem haben wir es heute nicht mit einer einzigen Kirche, sondern mit einer Vielzahl christlicher Kirchen zu tun. Wie also ist das mit der Einheit der Kirche?

Die Einheit in Christus

Zunächst ist festzuhalten, dass die Kirche – trotz aller Unterschiede unter ihren Gliedern – eine Einheit ist. In seinem Brief an die Gemeinden in Galatien, die von einer Spaltung bedroht sind, schreibt Paulus:

Galaterbrief 3,27-28
(27) Denn ihr alle, die ihr auf Christus getauft seid, habt Christus angezogen. (28) Hier ist nicht Jude noch Grieche, hier ist nicht Sklave noch Freier, hier ist nicht Mann noch Frau; denn ihr seid allesamt einer in Christus Jesus.

Alle, die getauft sind, haben bei ihrer Taufe denselben Christus „*angezogen*". Deshalb sind sie durch die Taufe eins. Die Unterschiede zwischen ihnen sind bedeutungslos geworden.

Die Einheit der Kirche ist also zunächst nichts, was wir selbst zu „organisieren" hätten. In Jesus Christus ist die Einheit da.

Die Einheit bewahren

Weil die Einheit in Christus bereits da ist, kann es „nur" unsere Aufgabe sein, uns darauf einzustellen und die Einheit zu bewahren.

Epheserbrief 4,1-6
(1) So ermahne ich euch nun, ich, der Gefangene in dem Herrn, dass ihr der Berufung würdig lebt, mit der ihr berufen seid, (2) in aller Demut und Sanftmut, in Geduld. Ertragt einer den andern in Liebe (3) und seid darauf bedacht, zu wahren die Einigkeit im Geist durch das Band des Friedens: (4) ein Leib und ein Geist, wie ihr auch berufen seid zu einer Hoffnung eurer Berufung; (5) ein Herr, ein Glaube, eine Taufe; (6) ein Gott und Vater aller, der da ist über allen und durch alle und in allen.

Die Einheit der Gemeinde ist eine Einheit *„im Geist"*, also eine Wirkung des Heiligen Geistes. Die so entstandene Einheit sollen die Christen in Ephesus *„durch das Band des Friedens"* bewahren.

Was ist das *„Band des Friedens"*? Im Epheserbrief geht es um den Frieden zwischen Menschen, die bisher getrennt oder verfeindet waren. Damals sind Juden und „Heiden" gemeint. Christus hat zwischen ihnen Frieden gestiftet: *„Denn er ist unser Friede, der aus beiden eins gemacht hat …"* (Eph.2,14). Wie? Indem er *„die beiden versöhnte mit Gott in einem Leib durch das Kreuz"* (Eph.2,16). Daraus folgt: *„… durch ihn haben wir alle beide in einem Geist den Zugang zu Gott."* (Eph.2,18). Alles Trennende ist beseitigt. Es gibt ein neues Miteinander.

Der Friede, den Christus gestiftet hat, ist ein *„Band"*. Gemeint ist ein Band, das alle zusammenhält, ja geradezu zusammenbindet. Woraus besteht dieses *„Band"*? Das zeigen die Verse 4-6. Die Gemeinde ist dadurch zusammengebunden, dass sie ein Leib ist, ein Geist in ihr wirkt, auf eine Hoffnung ausgerichtet ist, einen Herrn hat (Jesus Christus), einen Glauben, eine Taufe und einen Gott und Vater. Durch dieses *„Band des Friedens"* soll die Gemeinde die *„Einigkeit im Geist"* bewahren.

Die Einheit der Gemeinde ist Einheit in Christus. Durch ihn und in ihm sind wir eins, sind wir regelrecht zusammengebunden. Er hat die Kirche zu einer Einheit gemacht und durch ihn wird die Einheit auch bewahrt.

Die Einheit der Christen – der „letzte Wille" Jesu

Weil ihm die Einheit der Gemeinde so wichtig ist, hat Jesus kurz vor seinem Tod im „hohepriesterlichen Gebet" dafür gebetet.

Johannesevangelium 17,20-23
„(20) Ich bitte aber nicht allein für sie, sondern auch für die, die durch ihr Wort an mich glauben werden, (21) dass sie alle eins seien. Wie du, Vater, in mir bist und ich in dir, so sollen auch sie in uns sein, auf dass die Welt glaube, dass du mich gesandt hast. (22) Und ich habe ihnen die Herrlichkeit gegeben, die du mir gegeben hast, auf dass sie eins seien, wie wir eins sind, (23) ich in ihnen und du in mir, auf dass sie vollkommen eins seien und die Welt erkenne, dass du mich gesandt hast und sie liebst, wie du mich liebst."

Zwischen Jesus und seinem himmlischen Vater gibt es eine enge Verbindung („*du ... in mir ... und ich in dir*"). Genauso stark soll auch die Verbindung zwischen den Gläubigen auf der einen Seite und Jesus und seinem Vater auf der anderen Seite sein („*... so sollen auch sie in uns sein ...*"). Das Ziel aber ist, dass die Gläubigen untereinander so sehr eins sind, wie Jesus und sein Vater eins sind („*... damit sie eins seien, wie wir eins sind*"). Das ist die Bitte Jesu kurz vor seinem Tod – also so etwas wie sein „letzter Wille".

Zwei sind eins, wenn man sich den einen nicht ohne den anderen vorstellen kann. So eng ist die Einheit zwischen Jesus und seinem himmlischen Vater. Man kann nicht von Gott reden, ohne zugleich an Jesus zu denken. Und man kann umgekehrt nicht von Jesus reden, ohne zugleich an Gott den Vater zu denken. So eng soll auch die Beziehung der Christen zu Jesus Christus und seinem Vater sein – und genauso eng schließlich auch ihr Verhältnis zu ihren Mitchristen.

Notwendige Trennungen

Nun aber ist die Geschichte der Kirche auch eine Geschichte der Uneinigkeit und der Spaltungen. Bereits das Neue Testament berichtet davon.

---

1. Johannesbrief 2,18-19

(18) Kinder, es ist die letzte Stunde! Und wie ihr gehört habt, dass der Antichrist kommt, sind jetzt viele Widersacher Christi [wörtl. Antichristen] aufgetreten; daran erkennen wir, dass es die letzte Stunde ist. (19) Sie sind von uns ausgegangen, aber sie waren nicht von uns. Denn wenn sie von uns gewesen wären, so wären sie ja bei uns geblieben; aber es sollte offenbar werden, dass sie nicht alle von uns sind.

Die Gemeinde, an die der Apostel Johannes schreibt, hat eine Kirchenspaltung erlebt. Eine Reihe von Gemeindegliedern ist gegangen. Johannes nennt sie *„Antichristen"* (ein *„Antichrist"* ist also jemand, der sich vom christlichen Glauben abgewandt hat und ihm nun feindlich gegenübersteht).

Das ist ein hartes Wort. Wie kommt Johannes dazu? Woran entscheidet sich das?

---

1. Johannesbrief 4,1-3

(1) Ihr Lieben, glaubt nicht einem jeden Geist, sondern prüft die Geister, ob sie von Gott sind; denn viele falsche Propheten sind hinausgegangen in die Welt. (2) Daran erkennt ihr den Geist Gottes: Ein jeder Geist, der bekennt, dass Jesus Christus im Fleisch gekommen ist, der ist von Gott; (3) und ein jeder Geist, der Jesus nicht bekennt, der ist nicht von Gott. Und das ist der Geist des Antichrists, von dem ihr gehört habt, dass er kommen werde, und er ist jetzt schon in der Welt.

Johannes hat ein klares und eindeutiges Kriterium dafür, ob eine Bewegung als spalterisch zu beurteilen ist. Dieses Kriterium kann nur Jesus Christus selbst sein. Wer bekennt, dass Gott in Jesus Christus Mensch geworden ist, *„ist von Gott"*. Wer das aber leugnet, ist ein *„Antichrist"* – auch wenn er sich selbst Christ nennen sollte.

Die Gabe und Aufgabe der Einheit der Christen heute

Wie also ist es nun mit der Einheit der Kirche und der Vielzahl der Kirchen? Nach den Aussagen des Neuen Testaments müssen wir zweierlei feststellen:

1. Leider kann es auch innerhalb der Christenheit zum Abfall vom Glauben und zur Trennung kommen. Wo in Frage gestellt wird, dass sich Gott in Jesus Christus ganz auf unsere Seite gestellt hat, ist das unvermeidlich.
2. Gleichzeitig gilt: Alle, die an Jesus Christus glauben, gehören untrennbar zusammen.

Nun aber befinden sich heutzutage auch die Christen, die an Jesus Christus als den menschgewordenen Sohn Gottes glauben, in verschiedenen Kirchen. Das stellt die Einheit der Christen in Frage, um die Jesus seinen Vater gebeten hat.

Allerdings wäre es naiv, die Gründe für die Vielzahl der Kirchen einfach beiseite zu schieben. Wo neue Kirchen gegründet wurden, gab es Gründe. Nicht alle mögen edler Natur gewesen sein. Bei vielen Kirchengründungen aber ging es um entscheidende Fragen, die auch heute unsere Aufmerksamkeit verdienen.

Aber so wichtig diese Fragen sind: die Christen aller Konfessionen dürfen nicht aus den Augen verlieren, dass sie trotz unterschiedlicher Auffassungen durch ihren Glauben an Christus miteinander verbunden sind – sofern sie an Jesus Christus glauben.

Christen können daher nicht beziehungslos nebeneinander her leben. Stattdessen kommt es darauf an, dass sich Christen der verschiedenen Konfessionen füreinander öffnen, ihren Glauben miteinander teilen und zusammenarbeiten, um die biblische Botschaft zu verkünden und die Not dieser Welt zu lindern.

5.4   Der Gottesdienst

Im Mittelpunkt des Gemeindelebens steht der gemeinsame Gottesdienst. Darüber besteht sicher Einigkeit. Nicht ganz so einig ist man sich über die Gestaltung des Gottesdienstes. Dabei geht es nicht nur um Geschmacksfragen, sondern auch um Grundsatzfragen (und auch hinter den verschiedenen „Geschmäckern" verbergen sich oft unterschiedliche Grundüberzeugungen).

Warum?

Warum werden Gottesdienste gefeiert? Wenn wir das wissen, klärt sich auch die Frage, wie man das tun soll.

Hebräerbrief 10,23-25
(23) Lasst uns festhalten an dem Bekenntnis der Hoffnung und nicht wanken; denn er ist treu, der sie verheißen hat; (24) und lasst uns aufeinander achthaben und einander anspornen zur Liebe und zu guten Werken (25) und nicht verlassen unsre Versammlung, wie einige zu tun pflegen, sondern einander ermahnen, und das umso mehr, als ihr seht, dass sich der Tag naht.

Man kann eine Sache positiv ausdrücken, aber auch negativ. Man kann sagen, was zu tun ist; man kann aber auch sagen, was zu unterlassen ist. Natürlich ist es schöner, wenn etwas positiv formuliert wird. Aber manchmal wird es klarer, wenn man es andersherum sagt.

In den drei Versen des Hebräerbriefs gibt es fünf positive und eine negativ formulierte Aufforderung. Es geht aber immer um das gleiche Anliegen. Am konkretesten ist die negative Formulierung: *„... nicht verlassen unsere Versammlungen ..."* Die positiv formulierten Aufforderungen beziehen sich aber ebenfalls auf die *„Versammlungen".*

Mit den *„Versammlungen"* ist das gemeint, was wir „Gottesdienst" nennen. Das Wort „Gottesdienst" kommt auch im Neuen Testament vor, hat aber dort eine ganz andere Bedeutung. Es meint die Hingabe an Gott (Röm. 12,1) und die praktische Nächstenliebe (Jak.1,27).

Warum wäre es ein Fehler, die *„Versammlungen"* zu verlassen? Warum soll sich die Gemeinde zum Gottesdienst versammeln?

- Um am *„Bekenntnis"* festzuhalten.
- Um nicht ins Wanken zu geraten.
- Um aufeinander zu achten.
- Um sich gegenseitig zu motivieren.
- Um einander zu stärken (das Wort, das in der Lutherbibel mit *„ermahnen"* übersetzt wird, heißt auch „stärken", „trösten", „ermutigen").

Warum also ist der Gottesdienst wichtig? Christen sind unterwegs. Ihr Weg ist kein Spaziergang, sondern manchmal voller Anstrengungen. Ein „Privatchristentum" wäre tödlich. Christen brauchen andere, um glauben zu können. Ihr Glaube muss immer wieder vom Glauben der anderen „infiziert" werden.

Wie?

Im Brief an die Gemeinde in Kolossä zählt Paulus die Elemente auf, die – neben dem Abendmahl (vgl. 4.3 und 5.2) – zum christlichen Gottesdienst gehören:.

Kolosserbrief 3,16
Lasst das Wort Christi reichlich unter euch wohnen: Lehrt und ermahnt einander in aller Weisheit; mit Psalmen, Lobgesängen und geistlichen Liedern singt Gott dankbar in euren Herzen.

In alttestamentlicher Zeit standen Opfer im Mittelpunkt des Gottesdienstes. Indem Jesus sich für uns geopfert hat, hat dieser Opferdienst seine Erfüllung gefunden (Hebr.9,24-26). Deshalb kann es im Gottesdienst der neutestamentlichen Gemeinde nur um eine Verkündigung des stellvertretenden Opfers Jesu Christi gehen. Im Zentrum des Gottesdienstes steht daher das *„Wort Christi"*.

Deshalb hat die Predigt einen hohen Stellenwert im Gottesdienst. In ihr begegnet uns Gottes Wort. Im ersten Petrusbrief heißt es dazu kurz und knapp: *„Wenn jemand redet, rede er's als Gottes Wort ..."* (1.Petr.4,11). In der

Predigt soll Gottes Wort im Hinblick auf unsere heutige Lebenssituation ver-kündigt werden.

Auch das Gespräch über Gottes Wort ist wichtig. *„Lehrt und ermahnt einan-der in aller Weisheit …“.* Weil jeder eine andere Dimension des Wortes Gottes entdeckt, führt auch dieser Austausch dazu, dass unser Glaube wächst.

Aber es soll nicht beim Reden und Nachdenken bleiben. Höhepunkt ist das Abendmahl (vgl. 4.3). Es geht einen Schritt weiter bzw. über unser Denken hinaus. Wir haben Anteil an dem, was Gott in Jesus Christus getan hat – nach dem Motto: *„Schmecket und sehet, wie freundlich der Herr ist …!“* (Ps.34,9). Und auch das Lob Gottes gehört unbedingt dazu – vor allem das gesungene Lob.

Was also ist Gottesdienst? Martin Luther hat in einer Predigt zur Einwei-hung einer Kirche in Torgau dazu aufgerufen, „dass nichts anderes darin ge-schehe, denn dass unser lieber Herr selbst mit uns rede durch sein heiliges Wort, und wir wiederum mit ihm reden durch Gebet und Lobgesang".[1] Besser kann man es nicht auf den Punkt bringen.

5.5   Seelsorge

Christen sind keine Individualisten, sondern „Gemeindemenschen". Durch Jesus Christus sind sie mit allen verbunden, die mit ihnen zusammen an ihn glauben. Diese Verbundenheit ist der Grund dafür, weshalb Christen sich für-einander verantwortlich wissen. Dementsprechend schreibt Paulus in seinem Brief an die Gemeinden in Galatien:

Galaterbrief 6,1-2
(1) Brüder und Schwestern, wenn ein Mensch etwa von einer Verfehlung ereilt wird, so helft ihm wieder zurecht mit sanftmütigem Geist, ihr, die ihr geistlich seid. Und sieh auf dich selbst, dass du nicht auch versucht werdest. (2) Einer trage des andern Last, so werdet ihr das Gesetz Christi erfüllen.

---

[1] WA 49, 588.

Die Gemeinde besteht aus fehlerhaften Menschen. Wer das leugnet, gibt sich einer gefährlichen Illusion hin. Besonders problematisch wird es, wenn sich jemand selbst für sündlos hält. Das ist Selbstbetrug: *„Wenn wir sagen, wir haben keine Sünde, so betrügen wir uns selbst, und die Wahrheit ist nicht in uns"* (1.Joh.1,8).

Wie aber soll die Gemeinde auf die Fehler ihrer Mitchristen reagieren? Soll sie ihr Fehlverhalten tadeln und bestrafen? Oder ist es am besten, wenn sie sich raushält und alles zu einer reinen Privatsache erklärt? Paulus schlägt einen dritten Weg vor: Demjenigen, der einen Fehler gemacht hat, zu helfen.

Wie kann diese Hilfe aussehen? Das kommt natürlich ganz darauf an, worum es geht. Entscheidend ist aber die Grundhaltung. Es geht nur *„mit sanftmütigem Geist"*.

Wer *„geistlich"* ist, also in der Kraft des Heiligen Geistes lebt, wird Seelsorge mit *„sanftmütigem Geist"* betreiben. Überheblichkeit ist fehl am Platz, Selbstsicherheit auch: *„… und sieh auf dich selbst, dass du nicht auch versucht wirst"*.

Warum sollen die Mitglieder der Gemeinde so miteinander umgehen? In der Gemeinde gilt der Grundsatz: *„Einer trage des anderen Last."* Warum? Weil dieser Grundsatz dem *„Gesetz Christi"* entspricht.

Was ist das *„Gesetz Christi"*? Natürlich das Gebot der Liebe (vgl. 4.6). Das Liebesgebot gilt für alle Menschen – auch für die Sünder innerhalb der christlichen Gemeinde.

5.6   Die Mission der Kirche

In welchem Verhältnis steht die Kirche zur übrigen Gesellschaft? Und welchen Auftrag hat sie in ihr?

Kirche und Welt

Im „hohepriesterlichen Gebet" hat Jesus nicht nur für die Einheit der Gläubigen gebetet, sondern darum, dass sie sich in der Welt in der sie leben bewähren:

Johannesevangelium 17,14-18
(14) Ich habe ihnen dein Wort gegeben, und die Welt hasst sie; denn sie sind nicht von der Welt, wie auch ich nicht von der Welt bin. (15) Ich bitte nicht, dass du sie aus der Welt nimmst, sondern dass du sie bewahrst vor dem Bösen. (16) Sie sind nicht von der Welt, wie auch ich nicht von der Welt bin. (17) Heilige sie in der Wahrheit; dein Wort ist die Wahrheit. (18) Wie du mich gesandt hast in die Welt, so habe auch ich sie in die Welt gesandt.

Die Kirche unterscheidet sich von der Welt – und zwar grundsätzlich. So wie Jesus *„nicht von der Welt"* ist, sind auch seine Nachfolger *„nicht von der Welt"*. Sie sind vielmehr *„von Gott geboren"* (Joh.1,13). Deshalb sind Spannungen und Konflikte mit der Welt unvermeidlich.

Dass sich die Christen von der Welt unterscheiden bedeutet aber nicht, dass sie sich aus der Welt in einen „frommen Winkel" zurückziehen können. Das kommt nicht in Frage. Auch hier ist Jesus Christus das Maß aller Dinge. So wie Gott seinen Sohn Jesus Christus *„in die Welt"* gesandt hat, genauso sendet Jesus seine Nachfolger *„in die Welt"*.

Der Auftrag der Kirche – die Verkündigung des Evangeliums

Jesus wurde von Gott gesandt, um der Welt das Evangelium zu verkündigen. Das ist deshalb auch die Aufgabe der Kirche. Dementsprechend endet das Matthäusevangelium mit dem „Missionsbefehl"

Matthäusevangelium 28,18-20
(18) Und Jesus trat herzu, redete mit ihnen und sprach: Mir ist gegeben alle Gewalt im Himmel und auf Erden. (19) Darum gehet hin und lehret alle Völker: Taufet sie auf den Namen des Vaters und des Sohnes und des Heiligen Geistes (20) und lehret

> *sie halten alles, was ich euch befohlen habe. Und siehe, ich bin bei euch alle Tage bis an der Welt Ende.*

Der Auftrag, den Jesus seinen Jüngern gibt, bezieht sich auf die ganze Welt. Sie sollen für die Verkündigung des Evangeliums bis in die hintersten Winkel unseres Planeten gehen. Überall sollen sie Menschen zu *„Jüngern"* machen.

Wie sollen sie das tun? Indem sie Menschen taufen und sie in der Lehre Jesu unterweisen.

Das Wort „Mission" klingt für viele Menschen nach Intoleranz, Absolutheitsanspruch, Zwangsbekehrung und blutiger Gewalt. Und tatsächlich sind nicht wenige Missionare so vorgegangen. Eine neuere „Definition" zeigt, was Mission wirklich ist: „Mission heißt, zeigen, was man liebt. Was man liebt, das zeigt man, und man hält es nicht in einem geheimen Winkel."[1] So einfach und unspektakulär ist das mit der „Mission".

Der Auftrag der Kirche – Taten sprechen lassen

Hinzu kommt: Wie Jesus das Evangelium nicht nur durch Worte, sondern auch durch Taten verkündigt hat, sollen auch seine Nachfolger ihren Mitmenschen nicht nur von Gott erzählen, sondern einfach ihren Glauben ausleben und Gutes tun.

In der Bergpredigt hat Jesus das mit Hilfe eines einfachen Gleichnisses so ausgedrückt:

> **Matthäusevangelium 5,14-16**
>
> *(14) Ihr seid das Licht der Welt. Es kann die Stadt, die auf einem Berge liegt, nicht verborgen sein. (15) Man zündet auch nicht ein Licht an und setzt es unter einen Scheffel, sondern auf einen Leuchter; so leuchtet es allen, die im Hause sind. (16) So lasst euer Licht leuchten vor den Leuten, damit sie eure guten Werke sehen und euren Vater im Himmel preisen.*

---

[1]Fulbert Steffensky, Schwarzbrot-Spiritualität, Stuttgart 2005, 43.

Jesus fordert seine Jünger nicht dazu auf, Licht zu werden. Sie sind es. Sie sollen sich lediglich ihrem Wesen gemäß verhalten.

Städte, die auf Bergen liegen, sind unübersehbar und nicht verborgen. Lichter werden angezündet, damit sie leuchten. Man stellt sie nicht *„unter einen Scheffel"*, einen Maßbecher. Man stellt sie auf ein Lampengestell, damit sie für alle leuchten. Alles andere wäre absurd.

Die Nachfolger Jesu sollen einfach so sein, wie sie sind. Dann werden die anderen Menschen ihre *„guten Werke sehen"*. Und das wird Folgen haben. Denn die Menschen werden erkennen, dass Gott selbst hinter den guten Werken der Jünger steht, und den *„Vater im Himmel preisen"*. Das Evangelium von der Liebe Gottes wird *„ohne Worte"* (1.Petr.3,1) verkündigt.

5.7   Der Aufbau der Kirche

In jeder Organisation wird geregelt, wer wofür zuständig ist und wie man zusammenarbeiten soll, um die Ziele der Organisation zu erreichen. Diese Regelungen sind teilweise recht unterschiedlich. Manche Unternehmen sind streng hierarchisch aufgebaut; woanders schwört man auf „flache Hierarchien". Wie ist das in der Kirche, dem Leib Christi? Welcher Aufbau entspricht dem Evangelium von Jesus Christus?

Dienen statt herrschen

In allen Gemeinschaften wird von Zeit zu Zeit die Machtfrage gestellt. Auch der Kreis der Jünger blieb nicht davon verschont. Aber Jesus hatte eine klare Antwort.

Markusevangelium 10,35-37.41-45
(35) Da gingen zu ihm Jakobus und Johannes, die Söhne des Zebedäus, und sprachen zu ihm: Meister, wir wollen, dass du für uns tust, was wir dich bitten werden. (36) Er sprach zu ihnen: Was wollt ihr, dass ich für euch tue? (37) Sie sprachen zu ihm: Gib uns, dass wir sitzen einer zu deiner Rechten und einer zu deiner

> *Linken in deiner Herrlichkeit ... (41) Und als das die Zehn hörten, wurden sie un-*
> *willig über Jakobus und Johannes. (42) Da rief Jesus sie zu sich und sprach zu*
> *ihnen: Ihr wisst, die als Herrscher gelten, halten ihre Völker nieder, und ihre Mäch-*
> *tigen tun ihnen Gewalt an. (43) Aber so ist es unter euch nicht; sondern wer groß*
> *sein will unter euch, der soll euer Diener sein; (44) und wer unter euch der Erste*
> *sein will, der soll aller Knecht sein. (45) Denn auch der Menschensohn ist nicht*
> *gekommen, dass er sich dienen lasse, sondern dass er diene und sein Leben gebe als*
> *Lösegeld für viele.*

Was „normal" ist, ist in der Gemeinde noch lange nicht die „Norm". Auch
wenn es überall um die Macht geht und diese Macht zuweilen rücksichtslos
ausgeübt wird – unter Jüngern Jesu gilt das exakte Gegenteil: *„Wer unter euch*
der Erste sein will, der soll aller Knecht sein."

Der Grund dafür ist nicht, dass dieses Prinzip effektiver wäre. Der Grund
dafür ist Jesus Christus: Weil er nicht gekommen ist, um zu herrschen und
sich dienen zu lassen, sondern um zu dienen und sich ganz hinzugeben, muss
es in der Gemeinde, dem Leib Christi, genauso zugehen.

Jeder ist wichtig – die Unwichtigen sind die Wichtigsten

In seinen Briefen an die Gemeinde Korinth hat Paulus diesen Grundsatz Jesu
auf die konkrete Situation der Gemeinde bezogen. Er muss zu einer Reihe von
Missständen Stellung nehmen. Dazu gehört auch ein Streit um die Frage, auf
welche Gaben es in der Gemeinde vor allem ankommt. Einige Gemeingeglie-
der stellen die Gaben als besonders wichtig heraus, die großes Aufsehen erre-
gen (Wunderheilung, ekstatische Rede etc.).

Paulus weist zunächst darauf hin, dass alle Gaben – so verschieden sie sein
mögen – von einem Geist kommen (vgl. 3.8)

> **1. Korinterbrief 12,4-11**
>
> *(4) Es sind verschiedene Gaben; aber es ist ein Geist. (5) Und es sind verschiedene*
> *Ämter; aber es ist ein Herr. (6) Und es sind verschiedene Kräfte; aber es ist ein*
> *Gott, der da wirkt alles in allen. (7) Durch einen jeden offenbart sich der Geist zum*
> *Nutzen aller. (8) Dem einen wird durch den Geist ein Wort der Weisheit gegeben;*

> *dem andern ein Wort der Erkenntnis durch denselben Geist; (9) einem andern*
> *Glaube, in demselben Geist; einem andern die Gabe, gesund zu machen, in dem*
> *einen Geist; (10) einem andern die Kraft, Wunder zu tun; einem andern propheti-*
> *sche Rede; einem andern die Gabe, die Geister zu unterscheiden; einem andern*
> *mancherlei Zungenrede; einem andern die Gabe, sie auszulegen. (11) Dies alles*
> *aber wirkt derselbe eine Geist, der einem jeden das Seine zuteilt, wie er will.*

Gott hat jedem Mitglied der Gemeinde durch den Heiligen Geist bestimmte
Gaben geschenkt. Sie sind verschieden, aber sie haben alle den gleichen Ursprung. Deshalb ist es Unsinn, bestimmte Gaben hervorzuheben.

Die Gaben des Geistes sind auch nichts, wofür man sich auf die Schulter
klopfen kann. Sie kommen von Gott. Und zwar einfach so. Sie kommen so,
wie Gott es will – und aus keinem anderen Grund.

Außerdem sind die Gaben nicht zum persönlichen Nutzen da. Sie sind also
auch nicht dafür da, dass derjenige, der eine bestimmte Gabe hat, dadurch
groß rauskommt. Die Gaben des Geistes sollen so eingesetzt werden, dass die
ganze Gemeinde davon profitiert.

Paulus wird aber noch deutlicher. Dabei greift er das bekannte Bild vom Leib
und seinen Gliedern auf (vgl. 5.1). Er nutzt es aber auf eine ganz neue Weise
– nicht zur Begründung von Machtansprüchen, sondern zu deren Abbau.

Zunächst wendet er sich an Gemeindeglieder, die den Eindruck gewonnen
haben, dass sie gar nicht richtig dazugehören oder zumindest nicht so wichtig
sind, wie andere:

1. Korintherbrief 12,15-21

> *(15) Wenn nun der Fuß spräche: Ich bin keine Hand, darum gehöre ich nicht zum*
> *Leib!, gehört er deshalb etwa nicht zum Leib? (16) Und wenn das Ohr spräche: Ich*
> *bin kein Auge, darum gehöre ich nicht zum Leib!, gehört es deshalb etwa nicht zum*
> *Leib? (17) Wenn der ganze Leib Auge wäre, wo bliebe das Gehör? Wenn er ganz*
> *Gehör wäre, wo bliebe der Geruch? (18) Nun aber hat Gott die Glieder eingesetzt,*
> *ein jedes von ihnen im Leib, so wie er gewollt hat. (19) Wenn aber alle Glieder ein*
> *Glied wären, wo bliebe der Leib? (20) Nun aber sind es viele Glieder, aber der Leib*

> *ist einer. (21) Das Auge kann nicht sagen zu der Hand: Ich brauche dich nicht; oder wiederum das Haupt zu den Füßen: Ich brauche euch nicht*

Wenn der Fuß der Meinung ist, nicht zum Leib zu gehören, weil er nicht Hand, Ohr oder Auge ist, ist das völlig absurd. Jeder ist wichtig, gerade weil er anders ist als die anderen. Er kann etwas, was kein anderer kann und deshalb ist er für die Gemeinde unentbehrlich. Niemand hat einen Grund, sich minderwertig zu fühlen.

Gott hat alle Glieder so gemacht, wie er das wollte und jedem den Platz gegeben, den er für sie oder ihn vorgesehen hat. Deshalb sind nicht alle gleich. Das ist auch gut so. Wenn alle gleich wären, wäre die Gemeinde aufgeschmissen. Daher besteht die Gemeinde zwar aus vielen verschiedenen Gliedern, ist aber dennoch ein Leib, in dem jeder gebraucht wird.

Anschließend wendet sich Paulus an die Gemeindeglieder, die aufgrund ihrer außergewöhnlichen Begabung hohes Ansehen genießen und sich selbst für besonders wichtig halten – und so auf die anderen herabschauen:

> **1. Korintherbrief 12,22-26**
>
> *(22) Vielmehr sind die Glieder des Leibes, die uns schwächer erscheinen, die nötigsten; (23) und die uns weniger ehrbar erscheinen, die umkleiden wir mit besonderer Ehre; und die wenig ansehnlich sind, haben bei uns besonderes Ansehen; (24) denn was an uns ansehnlich ist, bedarf dessen nicht. Aber Gott hat den Leib zusammengefügt und dem geringeren Glied höhere Ehre gegeben, (25) auf dass im Leib keine Spaltung sei, sondern die Glieder einträchtig füreinander sorgen. (26) Und wenn ein Glied leidet, so leiden alle Glieder mit, und wenn ein Glied geehrt wird, so freuen sich alle Glieder mit.*

Paulus geht also noch einen Schritt weiter. Bisher hatte er „lediglich" betont, dass alle Glieder gebraucht werden und gleichermaßen wichtig sind. Nun aber stellt er fest: Gerade die Glieder, die als schwach und unwichtig gelten, sind besonders nötig und wertvoll.

Das ist nicht nur eine provozierende Zuspitzung seines Gedankengangs. Es handelt sich vielmehr um die praktische Anwendung der Botschaft vom Kreuz.

Bereits im ersten Kapitel seines Briefes hat Paulus darauf hingewiesen:

1. Korintherbrief 1,26-29
(26) Seht doch, Brüder und Schwestern, auf eure Berufung. Nicht viele Weise nach dem Fleisch, nicht viele Mächtige, nicht viele Vornehme sind berufen. (27) Sondern was töricht ist vor der Welt, das hat Gott erwählt, damit er die Weisen zuschanden mache; und was schwach ist vor der Welt, das hat Gott erwählt, damit er zuschanden mache, was stark ist; (28) und was gering ist vor der Welt und was verachtet ist, das hat Gott erwählt, was nichts ist, damit er zunichtemache, was etwas ist, (29) auf dass sich kein Mensch vor Gott rühme.

Gott ist bei denen, die „ganz unten" sind. Das hat er in seinem Sohn Jesus Christus deutlich gezeigt.

Für die Gemeinde folgt daraus: Gott hat *„dem geringeren Glied höhere Ehre gegeben"*. Es ist so, als ob eine Firma die Parkplätze vor ihrem Eingang nicht für die Geschäftsführung reserviert, sondern für die Reinigungskräfte!

Warum ist das so bei Gott und seiner Gemeinde? Gott *„hat den Leib zusammengefügt und dem geringeren Glied höhere Ehre gegeben, auf dass im Leib keine Spaltung sei …"* Spaltungen der Gemeinde entstehen dort, wo Unterschiede gemacht werden und Menschen keine Anerkennung und Wertschätzung erfahren. Umgekehrt gilt: Wo ein Glied geehrt wird, dass sich selbst vielleicht als minderwertig betrachtet, haben alle etwas davon. Es *„freuen sich alle Glieder mit."*

Leiten heißt befähigen

Zu den verschiedenen Gaben innerhalb der Gemeinde gehören auch die Leitungsaufgaben. Dabei geht es um Aufgaben, die mit Verkündigung und Lehre zu tun haben.

Was bedeuten die Aussagen des Apostels Paulus zum Aufbau der Gemeinde für das Verständnis und die Ausübung von Leitungsaufgaben innerhalb der Kirche?

Epheserbrief 4,11-14
(11) Und er selbst gab den Heiligen die einen als Apostel, andere als Propheten, andere als Evangelisten, andere als Hirten und Lehrer, (12) damit die Heiligen zugerüstet werden zum Werk des Dienstes. Dadurch soll der Leib Christi erbaut werden, (13) bis wir alle hingelangen zur Einheit des Glaubens und der Erkenntnis des Sohnes Gottes, zum vollendeten Menschen, zum vollen Maß der Fülle Christi, (14) damit wir nicht mehr unmündig seien und uns von jedem Wind einer Lehre bewegen und umhertreiben lassen durch das trügerische Würfeln der Menschen, mit dem sie uns arglistig verführen.

Verkündigung und Lehre sind für die Gemeinde besonders wichtig. Aber auch für diejenigen, die über die dafür notwendigen Gaben verfügen, gilt: Sie sind nicht Herrscher, sondern Diener der Gemeinde. Diese Gaben dienen dazu, die Gemeindeglieder in ihren Aufgaben zu unterstützen, damit sie mündige Christen werden.

Der Solidarbeitrag

In der Gemeinde ist Geld nicht das Wichtigste. Aber es gehört dazu. Die Gemeinde lebt mitten in dieser Welt. Dass sie hier ihre Aufgaben wahrnimmt, ist mit Kosten verbunden. Aber auch – oder gerade – hier gelten die gleichen Grundsätze, die auch sonst für den Aufbau der Gemeinde wichtig sind.

Paulus hat sich zu diesen Fragen vor allem im Zusammenhang mit einer Sammlung für die notleidende Gemeinde in Jerusalem geäußert. Dabei hat er von den Christen in Korinth Solidarität eingefordert:

2. Korintherbrief 8,14
Jetzt helfe euer Überfluss ihrem Mangel ab, damit danach auch ihr Überfluss eurem Mangel abhelfe und so ein Ausgleich geschehe.

Der „*Überfluss*" der Korinther ist finanzieller Art. Wenn Paulus sagt, dass umgekehrt der „*Überfluss*" der Jerusalemer Gemeinde den „*Mangel*" der Korinther beseitigt, denkt er dabei vermutlich an geistliche Impulse aus Jerusalem, der „Urgemeinde". Der Eine gibt finanziellen Reichtum ab, der Andere geistlichen Reichtum. So „wäscht eine Hand die andere".

Aber Paulus hat nicht nur finanzielle Solidarität gefordert, sondern ihre Notwendigkeit mit dem Evangelium von Jesus Christus begründet:

2. Korintherbrief 8,9
Denn ihr kennt die Gnade unseres Herrn Jesus Christus: Obwohl er reich ist, wurde er doch arm um euretwillen, damit ihr durch seine Armut reich würdet.

Jesus Christus ist „*arm*" geworden. Er ist Mensch geworden und am Kreuz von Golgatha für uns gestorben. Er hat alles für uns gegeben. Dadurch sind wir „*reich*" geworden. Deshalb sollen die Christen in Korinth ebenfalls geben – nach dem Motto: „Wie Jesus Christus mir, so ich dir!"

Auch beim Zehnten, an dem sich die Kirchen bis heute bei der Finanzierung ihrer Aufgaben orientieren, handelt es sich um einen Solidarbeitrag.

Er hat seinen Ursprung in alttestamentlicher Zeit. Im Gesetz des Mose heißt es:

3. Mose 27,30
Alle Zehnten im Lande, vom Ertrag des Landes und von den Früchten der Bäume, gehören dem HERRN und sollen dem HERRN heilig sein.

Zehn Prozent für Gott. Der genaue Betrag hängt also vom Einkommen ab. Wer mehr hat, soll auch mehr geben. Ein gerechtes System (in den „großen Kirchen" geht es dabei allerdings um ca. 10% der Steuer – nicht des Einkommens).

Der Zehnte gehört „*dem Herrn*". Aber was heißt das? Wofür soll er verwendet werden? Dazu heißt es: „*Den Söhnen Levi aber habe ich alle Zehnten gegeben in Israel zum Erbteil für ihren Dienst, den sie an der Stiftshütte tun.*" (4.Mos.18,21). Der Zehnte war also ursprünglich für diejenigen gedacht, die am Tempel

Dienst tun. In der Gemeinde geht es dementsprechend darum, dass diejenigen, *„die das Evangelium verkündigen, vom Evangelium leben sollen"* (1.Kor.9,14).

Der Aufbau der Gemeinde

Wie also ist die Gemeinde aufgebaut? In einer Weise, die dem Evangelium von Jesus Christus entspricht. Er ist vom Himmel herabgekommen, um uns zu dienen. Deshalb kann es im Leib Christi keine Hierarchie geben. Die Gemeinde ist ein Ort, an dem die Nachfolger Jesu sich gegenseitig unterstützen und einander dienen.

6 Das zweite Kommen Jesu Christi und Gottes neue Welt

Die Kirche, mit der wir uns in Kapitel 5 befasst haben, ist so etwas wie die „Vorhut" des kommenden Reiches Gottes. In ihr wird das Reich Gottes bereits ein Stück weit vorweggenommen. Aber sie ist nicht das Reich Gottes selbst. Deshalb kann unsere Betrachtung des christlichen Glaubens nicht mit dem Kapitel über die Kirche enden. Ende und Ziel ist das Reich Gottes, das mit Jesus begonnen hat, sich aber einmal auf der ganzen Linie durchsetzen wird.

Wenn Christen über dieses Reich Gottes reden, steht auch dabei Jesus Christus im Mittelpunkt. Das zukünftige Reich Gottes steht und fällt – bzw. kommt – mit ihm.

In diesem Kapitel geht es zunächst um die Zeit vor dem zweiten Kommen Jesu Christi – also die „Endzeit"! (6.1) – und anschließend um Gottes neue Welt, die mit der Wiederkunft Jesu aufgerichtet wird (6.2).

6.1 Die Endzeitrede Jesu

Wann und wie kommt Gottes neue Welt? Diese Frage steht im Mittelpunkt der Endzeitrede Jesu, die wir im Folgenden in der Version des Markusevangeliums betrachten.

Der Anlass der Rede

Markusevangelium 13,1-4
(1) Und als er aus dem Tempel ging, sprach zu ihm einer seiner Jünger: Meister, siehe, was für Steine und was für Bauten! (2) Und Jesus sprach zu ihm: Siehst du diese großen Bauten? Hier wird nicht ein Stein auf dem andern bleiben, der nicht zerbrochen werde. (3) Und als er auf dem Ölberg saß gegenüber dem Tempel, frag-

> ten ihn Petrus und Jakobus und Johannes und Andreas, als sie allein waren: (4) Sage uns, wann wird das geschehen? Und was wird das Zeichen sein, wann das alles vollendet werden soll?

Jesus am Ausgang des Tempels. Während er den Tempelbezirk verlässt, macht einer seiner Jünger eine Bemerkung über die Pracht dieses außergewöhnlichen Bauwerks. *„Meister, siehe, was für Steine und was für Bauten!"*

Der Jerusalemer Tempel war schon etwas ganz Besonderes. König Herodes der Große, von 37 bis 4 v.Chr. König der Juden, hatte ihn vollständig erneuern lassen und dabei weder Kosten noch Mühen gescheut. Auch seine Nachfolger hatten immer weiter daran gebaut. Das Ergebnis konnte sich sehen lassen, so dass die Juden sagten: „Wer nicht das Heiligtum gesehen hat, hat niemals einen Prachtbau gesehen." Der Jerusalemer Tempel war also nicht nur ein heiliger Ort, sondern auch Symbol des jüdischen Patriotismus, steingewordener Ausdruck jüdischen Überlebenswillens, unübersehbares Zeichen jüdischer Schaffenskraft und Leistungsfähigkeit.

Aber was sagt Jesus? *„Hier wird nicht ein Stein auf dem andern bleiben, der nicht zerbrochen werde."* Vom Reichtum und von der Herrlichkeit des Tempels wird nichts übrigbleiben. Dort, wo Jahrzehnte lang Stein auf Stein gebaut wurde, werden nur Trümmer herumliegen.

Den Jüngern verschlägt es die Sprache. Einige Zeit später sitzen sie auf dem Ölberg – genau gegenüber dem Tempel. Mit all seiner Pracht liegt er vor ihnen. Da fassen sich vier der Jünger ein Herz und fragen nach: *„Sage uns, wann wird das geschehen?"* Wann wird der Tempel dem Erdboden gleichgemacht?

Und sie fügen noch eine weitere Frage hinzu: *„… und was wird das Zeichen sein, wenn das alles vollendet werden soll?"* Sie wollen nicht nur wissen, wann der Tempel zerstört werden wird; sie wollen auch wissen, wann *„das alles vollendet"* wird. Zu *„das alles"* gehört auch das Kommen des Menschensohns *„mit großer Kraft und Herrlichkeit"* (Mk.13,26). Schließlich betont Jesus wenige Verse nach der Beschreibung seiner Wiederkunft: *„Dieses Geschlecht wird nicht vergehen, bis dies alles geschieht."* (Mk.13,30). Und *„vollendet"* (vom griechischen Wort „telos": Ziel, Ende, Vollendung) wird alles beim zweiten Kommen Jesu – nicht vorher (vgl. Mk.13,7: *„… Aber das Ende [telos] ist noch nicht da.";* vgl.

13,13: „Wer aber beharrt bis an das Ende [telos], der wird selig."; vgl. Mt.24,3: „...
Sage uns, wann wird das geschehen? Und was wird das Zeichen sein für dein Kommen und für das Ende der Welt?"). Mit anderen Worten: Die Nachfrage der Jünger bezieht sich nicht nur auf die Zerstörung des Tempels, sondern auch auf
das Ende der Welt, beziehungsweise ihre Vollendung. Sie fragen: woran sollen wir erkennen, dass du den Schlussstrich unter die bisherige Geschichte
ziehst und dein Reich aufrichtest?

Warnung vor Spekulation und Verführung

Markusevangelium 13,5-8
(5) Jesus fing an und sagte zu ihnen: Seht zu, dass euch nicht jemand ver-führe! (6) Es werden viele kommen unter meinem Namen und sagen: Ich bin's, und werden viele verführen. (7) Wenn ihr aber hören werdet von Kriegen und Kriegs-geschrei, so erschreckt nicht: Es muss geschehen. Aber das Ende ist noch nicht da. (8) Denn es wird sich ein Volk gegen das andere erheben und ein Königreich gegen das andere; es werden Erdbeben geschehen hier und dort, es werden Hun-gersnöte sein: Das ist der Anfang der Wehen.

Die Jünger haben nach Zeichen für die bevorstehende Vollendung der Welt
gefragt. Aber mit den Antworten Jesu ist das so eine Sache. Man bekommt oft
nicht die Antwort, die man erwartet oder die man gerne hätte. So auch hier.
Anstatt konkrete Anzeichen des Endes zu nennen, warnt Jesus vor apokalyp-
tischer Erregung und Ungeduld.

Jesus sagt: Es werden falsche Messiasse auftauchen. Sie werden in meinem
Namen auftreten und sagen: „Ich bin's! Es ist so weit! Die Zeit ist da!" Die
Jünger sollen sich davon nicht mitreißen lassen. Der Evangelist Lukas gibt
diese Warnung Jesu noch deutlicher wieder: „... Seht zu, lasst euch nicht ver-
führen. Denn viele werden kommen unter meinem Namen und sagen: Ich bin's, und:
Die Zeit ist herbeigekommen. – Lauft ihnen nicht nach!" (Lk.21,8).

Außerdem nennt Jesus einige Ereignisse, die von den Jüngern als eindeutige Anzeichen des Weltendes missverstanden werden könnten: Kriege, Erdbeben, Hungersnöte. Die Jünger haben den jüdischen Krieg mitgemacht, Gerüchte von gewaltigen Erdbeben in Pompeji und Kleinasien vernommen und

zur Zeit von Kaiser Claudius eine weltweite Hungersnot erlebt (Apg.11,28). Aber was sagt Jesus dazu? *„... Das Ende ist noch nicht da"* Und: *„... Das ist der Anfang der Wehen".* Kriege, Erdbeben, Hungersnöte – das alles gehört zum Lauf dieser Welt. Wenn das kommt – habt keine Angst. Das alles *„muss geschehen".* Aber als Zeichen des Endes dürft ihr das alles nicht verstehen.

Aufruf zur Vorsicht und zum Durchhalten

Markusevangelium 13,9-13
(9) Ihr aber seht euch vor! Sie werden euch den Gerichten überantworten, und in den Synagogen werdet ihr geschlagen werden, und vor Statthalter und Könige werdet ihr geführt werden um meinetwillen, ihnen zum Zeugnis. (10) Und das Evangelium muss zuvor gepredigt werden unter allen Völkern. (11) Und wenn sie euch hinführen und überantworten werden, so sorgt euch nicht vorher, was ihr reden sollt; sondern was euch in jener Stunde gegeben wird, das redet. Denn ihr seid's nicht, die da reden, sondern der Heilige Geist. (12) Und es wird ein Bruder den andern zum Tod überantworten und der Vater das Kind, und die Kinder werden sich empören gegen die Eltern und werden sie zu Tode bringen. (13) Und ihr werdet gehasst sein von jedermann um meines Namens willen. Wer aber beharrt bis an das Ende, der wird selig.

Auch dieser Abschnitt bringt nicht die von den Jüngern erwartete Antwort. Anstatt ihre apokalyptische Neugier zu befriedigen, ruft Jesus seine Jünger dazu auf, in den kommenden schweren Zeiten den Glauben zu bewahren.

Er weiß, welcher Weg vor ihnen liegt. Um ihres Glaubens willen müssen sie sich vor weltlichen Gerichten verantworten. Gemeint sind hier die lokalen „Gerichtshöfe der 23" in Palästina. Auch von religiösen Gerichten werden sie verurteilt werden. Synagogen konnten religiöse Vergehen mit Geißelstrafe ahnden – 40 Hiebe weniger einen. Sie werden vor Statthalter und Könige geschleppt werden, wie z.B. der Apostel Paulus. Die Anzeige wird u.U. aus dem engsten Familienkreis kommen. Von den eigenen Verwandten ans Messer geliefert.

Es ist also nicht Aufgabe der Jünger, sich über die Zeichen des Endes und den Zeitpunkt des zweiten Kommens Jesu Christi den Kopf zu zerbrechen. Es kommt darauf an, den Glauben an Jesus Christus trotz starker Anfeindungen durchzuhalten. Noch mehr: Es kommt darauf an, das Evangelium zu verkündigen – auch wenn die Jünger dadurch immer mehr in Schwierigkeiten geraten. Erst dann wird das Ende kommen.

Nachfolger Jesu haben dieser Welt eine Botschaft zu verkündigen. Dadurch werden sie den Zorn der Mächtigen auf sich ziehen. Da sollen sie sich keine Illusionen machen. Sie können mit Gottes Beistand rechnen. Aber Schwierigkeiten werden ihnen nicht erspart bleiben. Daran ändert auch die Hoffnung auf die Wiederkunft Jesu nichts. Hier ist Standfestigkeit gefordert. Aber es lohnt sich, standhaft und treu zu bleiben. *„Wer aber beharrt bis an das Ende, der wird selig."*

Die Zerstörung des Tempels – Zeit der Bedrängnis und Verführung

Markusevangelium 13,14-23
(14) Wenn ihr aber sehen werdet den Gräuel der Verwüstung stehen, wo er nicht soll – wer es liest, der merke auf! –, alsdann, wer in Judäa ist, der fliehe auf die Berge. (15) Wer auf dem Dach ist, der steige nicht hinunter und gehe nicht hinein, etwas aus seinem Hause zu holen. (16) Und wer auf dem Feld ist, der wende sich nicht um, seinen Mantel zu holen. (17) Weh aber den Schwangeren und den Stillenden in jenen Tagen! (18) Bittet aber, dass es nicht im Winter geschehe. (19) Denn in diesen Tagen wird eine solche Bedrängnis sein, wie sie nie gewesen ist bis jetzt vom Anfang der Schöpfung, die Gott geschaffen hat, und auch nicht wieder werden wird. (20) Und wenn der Herr diese Tage nicht verkürzt hätte, würde kein Mensch gerettet werden; aber um der Auserwählten willen, die er auserwählt hat, hat er diese Tage verkürzt. (21) Wenn dann jemand zu euch sagen wird: Siehe, hier ist der Christus; siehe, da ist er!, so glaubt es nicht. (22) Denn es werden sich erheben falsche Christusse und falsche Propheten, die Zeichen und Wunder tun, um, wenn möglich, die Auserwählten zu verführen. (23) Ihr aber seht euch vor! Ich habe euch alles zuvor gesagt!

Endlich geht Jesus auf die Frage nach der Zerstörung des Tempels ein. Der Begriff *„Gräuel der Verwüstung"* erinnert an die Zeit der Makkabäer (1. Makkabäer 1,57). 168 v. Chr. hatte der syrische König Antiochus IV. Epiphanes im Tempel einen Götzenopferaltar aufgerichtet und ihn so entweiht. Seitdem war der Terminus *„Gräuel der Verwüstung"* eine stehende Redewendung für alle Anschläge auf den Tempel.

Auch zu Lebzeiten der Jünger ist der Tempel ein besonderer Zankapfel. Der verrückte Kaiser Caligula will 40 n.Chr. im Jerusalemer Tempel seine Statue aufrichten lassen. Dieser Plan scheitert jedoch. Aber 30 Jahre später, im jüdischen Krieg, wird der Tempel geplündert, zerstört – und entheiligt.

Die Zerstörung des Tempels ist eine traumatische Erfahrung. Aber auch dieses Ereignis stellt Jesus nicht als Zeichen des Endes heraus, mit dessen Hilfe die Jünger ihre „Endzeituhr" stellen könnten. Stattdessen gibt er ihnen Anweisungen, wie sie sich in dieser Krisensituation verhalten sollen. Rechtzeitig fliehen sollen sie. Mögen die Zeloten, die Anführer des Aufstands gegen die Römer, auf den Beistand göttlicher Armeen hoffen – die Nachfolger Jesu sollen zusehen, dass sie sich in Sicherheit bringen. Und zwar so schnell wie möglich. Panikartige Flucht. Am härtesten werden – wie auf allen Flüchtlingstrecks – die Schwangeren und die Frauen mit kleinen Kindern betroffen sein. Und auch hier kann man nur dafür beten, dass dies nicht im Winter geschieht.

Der römische Feldherr Titus, der kurze Zeit später zum Kaiser ernannt wird, führt diesen Krieg mit einer unbeschreiblichen Härte. Er richtet ein Blutbad nach dem anderen an und kennt kein Pardon. Überläufer lässt er verstümmeln oder kreuzigen. Der jüdische Geschichtsschreiber Josephus kommentiert später: „Der Krieg der Juden gegen die Römer erweist sich als der größte im Vergleich nicht nur mit den Kriegen unserer Zeit, sondern auch mit all denen, von denen wir Kunde überkommen haben ..."[1]

Jesus weist aber nicht nur auf diese kommende Not hin, sondern auch darauf, dass Gott sein Volk nicht allein lassen wird. Auch in den Wirren des Krieges wird Gott eingreifen: *„... um der Auserwählten willen, die er auserwählt hat, hat er diese Tage verkürzt"*. Er wird in den Lauf der Geschichte eingreifen, um diejenigen, die zu ihm gehören, zu bewahren.

In dieser Notzeit wird die Gemeinde umso intensiver nach der Wiederkunft Jesu Ausschau halten. Das ist nur zu verständlich. Zugleich aber wird dadurch die Gefahr steigen, dass die Gemeinde für apokalyptische Gerüchte

---

[1] Josephus, Der jüdische Krieg, Einleitung.

anfällig wird – für die Botschaft von Menschen, die sagen: „Jetzt ist es so weit! Der Messias, der Befreier, ist da!"

Jesus sagt: „Glaubt nicht, was erzählt wird. Es sind falsche Christusse, falsche Propheten. Ja, bei ihnen gibt es die Zeichen und Wunder, nach denen sich mancher von euch lange Zeit sehnen wird. Aber es sind Scharlatane. Seid vorsichtig! Geht ihnen nicht auf den Leim!"

Das Kommen des Menschensohns

Markusevangelium 13,24-27
(24) Aber in jenen Tagen, nach jener Bedrängnis, wird die Sonne sich verfinstern und der Mond seinen Schein verlieren, (25) und die Sterne werden vom Himmel fallen, und die Kräfte der Himmel werden ins Wanken kommen. (26) Und dann werden sie sehen den Menschensohn kommen in den Wolken mit großer Kraft und Herrlichkeit. (27) Und dann wird er die Engel senden und wird seine Auserwählten versammeln von den vier Winden, vom Ende der Erde bis zum Ende des Himmels.

Jesus kommt nicht während dieser Zeit der Bedrängnis und Verführung wieder, sondern anschließend.

Vorboten seines Kommens sind Veränderungen mit kosmischen Ausmaßen. Schon die Propheten des Alten Testaments wussten, dass mit dem „Tag des Herrn", dem Tag des Gerichts, außergewöhnliche Erscheinungen an Sonne, Mond und Sternen verbunden sein werden. So schrieb der Prophet Jesaja (Jes.13,9-10): „*(9) Siehe, des HERRN Tag kommt, grausam, voll Grimm und glühendem Zorn, die Erde zu verwüsten und die Sünder von ihr zu vertilgen. (10) Denn die Sterne am Himmel und sein Orion scheinen nicht hell, die Sonne geht finster auf, und der Mond gibt keinen Schein.*"

Wenn Jesus sich aus dem Himmel aufmacht und sich für sein Kommen in Bewegung setzt, bewegt sich etwas. Sonne, Mond und Sterne verlassen ihre geordneten Bahnen.

Aus diesem kosmischen Durcheinander wird Jesus, der *„Menschensohn"*, heraustreten. Er wird *„in den Wolken"* und mit *„großer Kraft und Herrlichkeit"* kommen. Er wird nicht im Stillen und Verborgenen kommen, wie die falschen Messiasse meinen (vgl. Mk.13,6.21f.). Wenn er kommt, werden alle ihn sehen.

Was wird dann geschehen? An dieser Stelle sagt Jesus nur, dass er seine *„Auserwählten"* von überall her *„versammeln"* wird. Das ist auch das Entscheidende.

An anderen Stellen des Neuen Testaments wird das etwas ausführlicher beschrieben. Dort ist im Zusammenhang mit dem zweiten Kommen Jesu Christi von der Auferstehung der Toten, vom Gericht und vom ewigen Leben die Rede (z.B. 1.Thess.4,13-18; 2.Thess.1,6-9; Offb.21,1ff.; vgl. Kapitel 6.2)

Wann?

Markusevangelium 13,28-32
(28) An dem Feigenbaum aber lernt ein Gleichnis: Wenn seine Zweige saftig werden und Blätter treiben, so wisst ihr, dass der Sommer nahe ist. (29) Ebenso auch, wenn ihr seht, dass dies geschieht, so wisst, dass er nahe vor der Tür ist. (30) Wahrlich, ich sage euch: Dieses Geschlecht wird nicht vergehen, bis dies alles geschieht. (31) Himmel und Erde werden vergehen; meine Worte aber werden nicht vergehen. (32) Von jenem Tage aber oder der Stunde weiß niemand, auch die Engel im Himmel nicht, auch der Sohn nicht, sondern allein der Vater.

„Die Frage nach dem Wann wird zunächst durch ein kleines Gleichnis beantwortet. Von der Beobachtung des Feigenbaumes gilt es zu lernen. Sein Blätteransatz ist ein untrügliches Zeichen für den nahenden Sommer. Das wird verständlich, wenn man weiß, dass der Feigenbaum … im Winter sein Laub abwirft, und dass die Zeitspanne zwischen Winter und Sommer, der Frühling, dortzulande sehr kurz ist."[1]

Was will das Gleichnis sagen? Wie der Sommer sich dadurch ankündigt, dass der Feigenbaum Blätter bekommt, so sollen die Hörer (und Leser) der

---

[1] Joachim Gnilka, Das Evangelium nach Markus, 2. Teilband Mk.8,27-16,20, Neukirchen-Vluyn 1994[4], 205.

Rede Jesu wissen, dass „er [der Menschensohn, vgl. 13,26] nahe vor der Tür ist" wenn „dies geschieht".

Welche Ereignisse sind mit „wenn ihr seht, dass dies geschieht" gemeint? Es geht um die in Mk.13,14-23 geschilderte „große Bedrängnis", von der es einleitend hieß: „Wenn ihr aber sehen werdet den Gräuel der Verwüstung stehen ...".

Dann fügt Jesus hinzu: „Bis dies alles [die große Bedrängnis] geschieht", wird „dieses Geschlecht ... nicht vergehen". Der Begriff „Geschlecht" bedeutet Geburt, Abstammung und Nachkommenschaft. Wenn er – wie hier – zur Zeitbestimmung verwendet wird, meint er ein „Zeitalter" (vgl. Eph.3,5: „Dies war in früheren Zeiten den Menschenkindern nicht kundgemacht ...") oder die „Zeitgenossen" (Mk.9,19: „Er aber antwortete ihnen und sprach: O du ungläubiges Geschlecht, wie lange soll ich bei euch sein? Wie lange soll ich euch ertragen? ...")). Er betont also, dass dies alles schon bald geschehen wird.

Gleichzeitig aber stellt er sicher, dass seine Jünger nicht über konkrete Termine spekulieren: „Von jenem Tage aber oder der Stunde weiß niemand, auch die Engel im Himmel nicht, auch der Sohn nicht, sondern allein der Vater."

Eine Zwischenfrage: Verzögerung der Wiederkunft Jesu?

Seit 2.000 Jahren warten Christen auf Jesu Wiederkunft. Das hat viele Fragen aufgeworfen – auch innerhalb der Christenheit. Bereits der Apostel Petrus schrieb:

2. Petrusbrief 3,3-4
(3) Ihr sollt vor allem wissen, dass in den letzten Tagen Spötter kommen werden, die ihren Spott treiben, ihren eigenen Begierden nachgehen (4) und sagen: Wo bleibt die Verheißung seines Kommens? Denn nachdem die Väter entschlafen sind, bleibt es alles, wie es von Anfang der Schöpfung gewesen ist.

Die Hoffnung auf die Wiederkunft Jesu wird in den eigenen Reihen verspottet. Mit den „Vätern" ist vermutlich die erste Generation von Christen gemeint, die das Kommen Jesu zu ihren Lebzeiten erwartet hat, aber inzwischen verstorben ist. Die Kritiker erklären das Ausbleiben der Wiederkunft mit der

Unveränderlichkeit der bestehenden Welt – und tun das nicht rein sachlich, sondern mit spöttischen und ironischen Untertönen.

Wie antwortet der zweite Petrusbrief auf diese Herausforderung?

2. Petrusbrief 3,8-10
(8) Eins aber sei euch nicht verborgen, ihr Lieben, dass ein Tag vor dem Herrn wie tausend Jahre ist und tausend Jahre wie ein Tag. (9) Der Herr verzögert nicht die Verheißung, wie es einige für eine Verzögerung halten; sondern er hat Geduld mit euch und will nicht, dass jemand verloren werde, sondern dass jedermann zur Buße finde. (10) Es wird aber des Herrn Tag kommen wie ein Dieb; dann werden die Himmel zergehen mit großem Krachen; die Elemente aber werden vor Hitze schmelzen, und die Erde und die Werke, die darauf sind, werden nicht mehr zu finden sein.

Die Gemeinde soll sich bewusst machen, dass Gott mit ganz anderen Zeitvorstellungen operiert. Was manchem als langer Zeitraum erscheint, ist vor Gott nur ein kurzer Augenblick. Deshalb gibt es keinen Grund, die Hoffnung auf die baldige Wiederkunft Jesu aufzugeben.

Aber es geht nicht nur um eine Relativierung menschlicher Zeitvorstellungen. Es gibt einen guten Grund dafür, dass Jesus noch nicht gekommen ist: Seine Geduld bzw. seine gute Absicht, alle Menschen zu retten. Dass Jesus Christus mit uns Geduld hat, heißt allerdings nicht, dass die Hoffnung auf seine Wiederkunft erledigt ist. Der Tag des Herrn wird kommen – und zwar wie ein Dieb, also überraschend (vgl. Mt.24,43; 1.Thess.5,2; Offb.3,3; 16,15).

Ist das eine Verlegenheitslösung des Apostels Petrus? Die entscheidende Frage lautet: Welchen Sinn hat es, dass es eine Zeit zwischen Jesu Auferstehung und Himmelfahrt und Jesu Wiederkunft gibt? Warum war seine Auferstehung nicht der Schlussakkord der Geschichte? Ist diese „Zwischenzeit" sinnlose Wartezeit, bei der über kurz oder lang die Frage aufkommt, ob man umsonst wartet? Oder ist die „Zwischenzeit" eine sinnvoll gefüllte Zeit?

Im letzten Abschnitt seiner Endzeitrede (Mk.13,33-37) hat Jesus davon gesprochen, welche Aufgaben in der „Zwischenzeit" auf die Nachfolger Jesu warten.

Wachen – und arbeiten

> ### Markusevangelium 13,33-37
>
> *(33) Seht euch vor, wachet! Denn ihr wisst nicht, wann die Zeit da ist. (34) Es ist wie bei einem Menschen, der über Land zog und verließ sein Haus und gab seinen Knechten Vollmacht, einem jeden seine Arbeit, und gebot dem Türhüter, er sollte wachen: (35) So wacht nun; denn ihr wisst nicht, wann der Herr des Hauses kommt, ob am Abend oder zu Mitternacht oder um den Hahnenschrei oder am Morgen, (36) damit er euch nicht schlafend finde, wenn er plötzlich kommt. (37) Was ich aber euch sage, das sage ich allen: Wachet!*

Wir wissen, dass Jesus wiederkommt, aber wir wissen nicht wann. Und jetzt? Einfach abwarten und Tee trinken? Rumsitzen und Däumchen drehen? Uns die Beine in den Bauch stehen? Warten vor der Ampel oder im Stau. Warteräume in den Behörden. Wartezimmer beim Arzt. Und jetzt auch bei Gott?

Jesus sagt: „*Wachet!*". Die Zeit zwischen Himmelfahrt und Wiederkunft Jesu ist nicht die Zeit für den „Schlaf des Gerechten". Nein. Nachfolger Jesu haben hellwach zu sein, putzmunter. Es ist also keineswegs so, dass in der „Zwischenzeit" nichts wirklich Wichtiges mehr geschieht.

Aber was meint Jesus, wenn er sagt: „*Wachet!*"? Er erzählt ein kurzes Gleichnis. Es handelt von einem wohlhabenden Mann, der sich auf eine Reise begibt. Vermutlich aus geschäftlichen Gründen.

Eine Reise ist damals mit erheblichen Strapazen verbunden – und dauert vor allem seine Zeit. In diesem Fall handelt es sich offensichtlich um eine auch für damalige Verhältnisse außergewöhnlich lange Reise. Unser Mann weiß selbst noch nicht, wann er zurückkehren wird. Deshalb muss er vor seiner Abreise einiges regeln: „*.... und gab seinen Knechten Vollmacht, einem jeden seine Arbeit, und gebot dem Türhüter, er solle wachen*".

Seine Knechte sollen die Zeit seiner Abwesenheit nicht dafür nutzen, einen Gang zurück zu schalten. Jeder erhält seine Aufgabe. Aber er drückt seinen Angestellten nicht einfach nur eine Liste mit Dingen in die Hand, die inzwischen schon mal zu erledigen sind. Das wäre viel zu gefährlich. Er weiß ja gar nicht, wann er wieder kommt. Was sollen die Knechte denn tun, wenn die Liste abgearbeitet ist und der Chef immer noch nicht zurück ist?

Also verleiht er ihnen „Prokura", die „*Vollmacht*" in seinem Namen zu handeln und die notwendigen Entscheidungen zu treffen. Das ist eine eindeutige Botschaft. Da bleibt kein Raum für Missverständnisse. Die Knechte sollen die Zeit seiner Abwesenheit nutzen. Sie sind nun besonders gefordert. Keine Zeit, die Hände in den Schoß zu legen. Sie haben alle Hände voll zu tun.

Die Zeit der Abwesenheit des Chefs ist nicht die einmalige Gelegenheit, sich auf die faule Haut zu legen. Die Knechte haben Verantwortung und müssen sich nach der Rückkehr ihres Herrn vor ihm verantworten. Und da sie nicht wissen, wann er kommt, müssen sie jederzeit zur Rechenschaft bereit sein. Schlechte Zeiten für Müßiggänger.

Die Zeit zwischen Himmelfahrt und Wiederkunft Jesu ist keine Periode gelangweilten Wartens, in der sich unausweichlich das Gefühl einer gewissen Müdigkeit einstellt. Jesus sagt: „*Wachet!*" Und er meint damit: „Ihr habt eine Aufgabe in der Welt – das Reich Gottes zu verkündigen und dementsprechend zu leben. Erkennt euren Auftrag und geht an die Arbeit. Ihr seid mir verantwortlich. Ihr seid rechenschaftspflichtig. Ich weiß selbst nicht, wann ich zurückkomme. Seid deshalb allzeit bereit. Arbeitet bis ich komme."

In der Zeit der Jahreswende 1942/1943 schreibt Dietrich Bonhoeffer an einer persönlichen Bilanz des Widerstandes gegen Hitler. Sie trägt den Titel „Nach zehn Jahren." Er gibt sie an seine engsten Freunde und Mitstreiter weiter. Ein Exemplar versteckt er unter den Dachsparren seines Elternhauses. Damals sieht es düster in der Welt aus, sehr düster. Aber er schreibt: „Es gibt Menschen, die es für unernst, Christen, die es für unfromm halten, auf eine bessere irdische Zukunft zu hoffen und sich auf sie vorzubereiten. Sie glauben an das Chaos, die Unordnung, die Katastrophe als den Sinn des gegenwärtigen Geschehens und entziehen sich in Resignation oder frommer Weltflucht der Verantwortung für das Weiterleben, für den neuen Aufbau, für die kommenden Geschlechter. Mag sein, dass der Jüngste Tag morgen anbricht, dann wollen wir gern die Arbeit für eine bessere Zukunft aus der Hand legen, vorher aber nicht."[1]

---

[1] Dietrich Bonhoeffer, Widerstand und Ergebung. Briefe und Aufzeichnungen aus der Haft, München 1985, 25f.

Die Zeit zwischen Jesu Himmelfahrt und seiner Wiederkunft ist keine verlorene Zeit. Es ist die Zeit, um aktiv zu werden – und mitzubauen am Reich Gottes.

6.2 Die Wiederkunft Jesu: Ende und Neuanfang

In der Endzeitrede spricht Jesus kurz von seinem zweiten Kommen und der neuen Welt Gottes (Mk.13,26-27). Die damit verbundenen Ereignisse werden an anderer Stelle genauer beschrieben.

Die Wiederkunft Jesu und das Gericht

Wenn Jesus Christus in den Wolken des Himmels erscheint, wird er Gericht halten.

2. Timotheusbrief 4,1-2
(1) So ermahne ich dich inständig vor Gott und Christus Jesus, der richten wird die Lebenden und die Toten, und bei seiner Erscheinung und seinem Reich: (2) Predige das Wort, stehe dazu, es sei zur Zeit oder zur Unzeit; weise zurecht, drohe, ermahne mit aller Geduld und Lehre.

Paulus ermahnt seinen Schüler Timotheus, das „Wort" zu verkündigen – und zwar unabhängig davon, ob es zeitgemäß ist oder nicht. Er soll unter allen Umständen dazu stehen und es mit Nachdruck verkündigen.

Paulus begründet seine Ermahnung mit dem Hinweis, dass Jesus Christus „richten wird die Lebenden und die Toten". Dieses Gericht steht in einem engen Zusammenhang mit „seiner Erscheinung und seinem Reich" – also mit seinem zweiten Kommen.

Jesus Christus richtet über „die Lebenden und die Toten". Er „verbündet sich nicht mit den Tätern, die es gerne sähen, wenn ihre Opfer vergessen würden. Sondern er sorgt dafür, dass die, die der irdischen Gerechtigkeit entgehen, spätestens im Jüngsten Gericht von der himmlischen Gerechtigkeit eingeholt werden."[1]

Für alle, die an Jesus Christus glauben, ist das Jüngste Gericht – entgegen landläufigen Vorstellungen – nicht angstbesetzt. Das liegt aber nicht etwa daran, dass sie so „fromm" sind, sondern allein an Jesus Christus.

Johannesevangelium 5,24-29

(24) Wahrlich, wahrlich, ich sage euch: Wer mein Wort hört und glaubt dem, der mich gesandt hat, der hat das ewige Leben und kommt nicht in das Gericht, sondern er ist vom Tode zum Leben hindurchgedrungen. (25) Wahrlich, wahrlich, ich sage euch: Es kommt die Stunde und ist schon jetzt, dass die Toten hören werden die Stimme des Sohnes Gottes, und die sie hören, die werden leben. (26) Denn wie der Vater das Leben hat in sich selber, so hat er auch dem Sohn gegeben, das Leben zu haben in sich selber; (27) und er hat ihm Vollmacht gegeben, das Gericht zu halten, weil er der Menschensohn ist. (28) Wundert euch darüber nicht. Es kommt die Stunde, in der alle, die in den Gräbern sind, seine Stimme hören werden, (29) und es werden hervorgehen, die Gutes getan haben, zur Auferstehung des Lebens, die aber Böses getan haben, zur Auferstehung des Gerichts.

Jesus erklärt, dass alles darauf ankommt, sein Wort zu hören und an Gott zu glauben, der ihn gesandt hat. Wer das tut, hat schon jetzt das ewige Leben und darf hier und heute wissen, dass er „*nicht in das Gericht*" kommt (vgl. 3,16.36). Er ist vielmehr bereits „*vom Tode zum Leben hindurchgedrungen*".

Weil es sich um ein gegenwärtiges Geschehen handelt, ist mit dem „*Tode*" nicht der natürliche Tod am Ende des Lebens und mit dem „*Leben*" nicht das zukünftige ewige Leben in Gottes neuer Welt gemeint. Aber was dann? Im „*Tode*" zu sein heißt hier vielmehr, dem Tod verfallen zu sein – auch wenn man noch so lebendig aussieht. „*Zum Leben hindurchgedrungen zu sein*", heißt, in die Lebenswelt Gottes eingetreten zu sein und auch durch den physischen Tod nicht mehr aus ihr herauszufallen.

Diese Aussage über den Übergang vom Tod zum Leben wird vertieft. Jesus erklärt, dass die „*Stunde*" der Auferstehung einerseits erst noch am Ende der Zeiten „*kommt*", andererseits „*schon jetzt*" da ist. Alle, die jetzt auf Jesu Wort

---

[1] Thomas Gerlach, Evangelischer Glaube. Göttingen 2002, 259.

bzw. die *„Stimme des Sohnes Gottes"* hören, *„werden leben"* – weil sie bereits *„„vom Tode zum Leben hindurchgedrungen"* sind.

„Alle die in den Gräbern sind", also den physischen Tod erlitten haben, werden am Jüngsten Tag *„seine Stimme hören"* und aus den Gräbern *„hervorgehen"*. Wer Jesu Worten glaubt, ist aber zugleich bereits Zeit seines Lebens in die Lebenswelt Gottes eingetreten. Er kommt daher *„nicht ins Gericht"* und hat mit der *„Auferstehung des Gerichts"* nichts zu tun. Er wird aus seinem Grab *„hervorgehen … zur Auferstehung des Lebens"*.

Die Wiederkunft Jesu und die Auferstehung der Toten

Im Zusammenhang mit dem Gericht kommt es auch zur Auferstehung der Toten (s.o.). Am Ende der Zeiten wird Jesus *„herabkommen vom Himmel, und die Toten werden in Christus auferstehen zuerst"* (1.Thess.4,16; vgl. 3.6). Am konkretesten hat Paulus sich im ersten Korintherbrief dazu geäußert:

1. Korintherbrief 15,35.42-44
(35) Es könnte aber jemand fragen: Wie werden die Toten auferstehen und mit was für einem Leib werden sie kommen?… (42) …Es wird gesät verweslich und wird auferstehen unverweslich. (43) Es wird gesät in Niedrigkeit und wird auferstehen in Herrlichkeit. Es wird gesät in Schwachheit und wird auferstehen in Kraft. (44) Es wird gesät ein natürlicher Leib und wird auferstehen ein geistlicher Leib. Gibt es einen natürlichen Leib, so gibt es auch einen geistlichen Leib.

Die Auferstehung der Toten ist in der Gemeinde Korinth umstritten. Aber nicht etwa, weil man nicht an ein „Leben nach dem Tod" glaubt, sondern weil es dazu auch ganz andere Vorstellungen gibt, z.B. eher spirituelle Jenseitshoffnungen (oder gar die Idee einer „unsterblichen Seele").

Möglicherweise haben die Leugner einer Auferstehung der Toten immer wieder kritisch gefragt, wie man sich ein solches Ereignis denn überhaupt vorstellen soll. Vielleicht nimmt Paulus in V. 35 einfach eine solche Rückfrage vorweg.

In vier Gegensatzpaaren verdeutlicht Paulus den Unterschied zwischen dem sterblichen Leib, der *„gesät"* wird, und dem Leib, der aufersteht:

verweslich	unverweslich
in Niedrigkeit	in Herrlichkeit
in Schwachheit	in Kraft
natürlicher Leib	geistlicher Leib

Vor allem das letzte Gegensatzpaar zeigt, dass es eine Auferstehung nicht ohne Leib, sondern nur mit einem Leib gibt. Zwar unterscheidet sich der Leib der Auferstehung von dem *„natürlichen Leib"* – es handelt sich um einen *„geistlichen Leib"*. Dieser Unterschied sollte aber niemanden verwundern – schließlich gibt es verschiedene Körper (15,39-41): *„Gibt es einen natürlichen Leib, so gibt es auch einen geistlichen Leib."*

Und das ist der entscheidende Punkt: Die Auferstehung der Toten zum ewigen Leben ist eine leibliche Auferstehung.

Der neue Himmel und die neue Erde

Die Endereignisse münden darin, dass alles neu wird. Diese neue Welt wird am ausführlichsten in der Offenbarung des Johannes beschrieben:

Offenbarung des Johannes 21,1-7

(1) Und ich sah einen neuen Himmel und eine neue Erde; denn der erste Himmel und die erste Erde sind vergangen, und das Meer ist nicht mehr. (2) Und ich sah die heilige Stadt, das neue Jerusalem, von Gott aus dem Himmel herabkommen, bereitet wie eine geschmückte Braut für ihren Mann. (3) Und ich hörte eine große Stimme von dem Thron her, die sprach: Siehe da, die Hütte Gottes bei den Menschen! Und er wird bei ihnen wohnen, und sie werden seine Völker sein, und er selbst, Gott mit ihnen, wird ihr Gott sein; (4) und Gott wird abwischen alle Tränen von ihren Augen, und der Tod wird nicht mehr sein, noch Leid noch Geschrei noch Schmerz wird mehr sein; denn das Erste ist vergangen. (5) Und der auf dem Thron saß, sprach: Siehe, ich mache alles neu! Und er spricht: Schreibe, denn diese Worte sind wahrhaftig und gewiss! (6) Und er sprach zu mir: Es ist geschehen. Ich bin das A und das O, der Anfang und das Ende. Ich will dem Durstigen geben von der Quelle des lebendigen Wassers umsonst. (7) Wer überwindet, der wird dies ererben, und ich werde sein Gott sein und er wird mein Sohn sein.

Alles, was das Leben schwer macht, wird in der neuen Schöpfung nicht mehr sein: das Meer mit seiner unheimlichen Macht, der Tod, das Leid, das Geschrei, der Schmerz. Es geschieht die „Verwandlung der Tränen in Freudentränen. Man stelle sich bei diesem Text lachende Kinder vor, die eben noch geweint haben: strahlende Augen in tränenverschmierten Gesichtern."[1]

Wie kann das sein? Weil „die Hütte [wörtl.: das Zelt] Gottes bei den Menschen" ist. Gemeint ist „der Tempel, die Stiftshütte im Himmel" (Offb.15,5), also das himmlische Heiligtum – das aber nun „bei den Menschen" ist. Deshalb gilt: „Und er wird bei ihnen wohnen [wörtl.: zelten], und sie werden seine Völker sein."

„Wenn Gott ... seine bleibende Wohnung bei den (...) Menschen aufschlägt, ist das die radikale Umkehr aller heutigen Verhältnisse. Denn das tief eingedrückte Charakteristikum unserer Zeit liegt in der Trennung von Gott und Menschen, von Jenseits und Diesseits, von unsichtbarer und sichtbarer Welt ... Seit dem Sündenfall (Gen. 3) ist der Vorhang gefallen, den der Mensch mit keinem Mittel mehr beseitigen kann ... Jetzt, in der neuen Schöpfung, wird das völlig anders. Gott und die erlösten Menschen wohnen zusammen, noch enger und inniger als einst im Paradies (Gen. 2-3). Gott wird also sichtbar. Es wird alles klar und aufgedeckt sein."[2]

In den Versen 5-7 wird diese außergewöhnliche Vision bekräftigt – und zwar von Gott selbst. In der Offenbarung des Johannes ergreift Gott nur an dieser Stelle selbst das Wort – weil es die entscheidende Stelle ist. Er verbürgt sich dafür, dass es sich hier nicht um fromme Wünsche handelt und erklärt: „Diese Worte sind wahrhaftig und gewiss".

„Der große Gott hat einen Ort geschaffen, wo er seinen Geschöpfen begegnen und mit ihnen leben kann. Das ist der Sinn unserer Welt. Das ist der Siegespreis, der aller Mühen wert ist. Das ist die Vision, die uns immer wieder ruft ..., unser noch nicht offenbartes Leben mit Jesus an die erste Stelle zu setzen und nach dem Tag auszuschauen, an dem es in Herrlichkeit sichtbar wird."[3]

---

[1] Klaus Wengst, „Wie lange noch?" Schreien nach Recht und Gerechtigkeit – eine Deutung der Apokalypse des Johannes, Stuttgart 2010, 221.
[2] Gerhard Maier, Die Offenbarung des Johannes. Kapitel 12-22, Witten 2012, 430.
[3] Walter Faerber, Visionen gegen die Monster. Die Offenbarung des Johannes für eine Welt voller Krisen, Neukirchen-Vluyn 2018, 193.

CPSIA information can be obtained
at www.ICGtesting.com
Printed in the USA
BVHW021741301222
655300BV00004BA/42